MOWINCKEL · TETRATEUCH — PENTATEUCH — HEXATEUCH

SIGMUND MOWINCKEL

TETRATEUCH — PENTATEUCH — HEXATEUCH

DIE BERICHTE ÜBER DIE LANDNAHME IN DEN DREI ALTISRAELITISCHEN GESCHICHTSWERKEN

1964

VERLAG ALFRED TÖPELMANN · BERLIN

BEIHEFTE ZUR ZEITSCHRIFT FÜR DIE
ALTTESTAMENTLICHE WISSENSCHAFT
HERAUSGEGEBEN VON GEORG FOHRER

90

©
1964
by Alfred Töpelmann, Berlin 30, Genthiner Straße 13

Satz und Druck: Walter de Gruyter & Co., Berlin 30
Archiv-Nr. 3822643

INHALT

ZUR EINFÜHRUNG

Die Symbola im Buchtitel deuten an, unter welchem Gesichtswinkel die in dem Untertitel gestellte Aufgabe hier behandelt werden will. Nicht um das historische Problem, »wie die Landnahme eigentlich gewesen ist«, sondern um das quellenkritische Problem — wie und was haben die altisraelitischen Geschichtsdarstellungen, jede in ihrer Weise, von der Landnahme erzählt — handelt es sich hier.

Die Symbola deuten an, daß dieses Problem von Anfang an mit der quellenkritischen Behandlung des Pentateuchs, der fünf Bücher Moses, verknüpft gewesen ist.

Die quellenkritische, literarische Analyse des Pentateuchs war um 1930 eigentlich zur Ruhe gekommen und hatte sich um die Lösung stabilisiert, daß man es hier, abgesehen von dem Gesetzbuch D, das die Hauptmasse des Deuteronomiums ausmachte, mit drei parallellaufenden Geschichtsdarstellungen J, E und P zu tun hat. Als Exponent der herrschenden Auffassung kann etwa CORNILLS Einleitung[1] gelten. Die prinzipiellen Einwendungen innerhalb des wissenschaftlichen Lagers waren verstummt. EISSFELDTS Versuch einer Zerlegung von J in zwei ebenfalls parallellaufende Hauptquellen: die ältere »Laienquelle« L und die jüngere mehr »geistliche« J,[2] hatte wenig Anklang gefunden.

Schon früh hatte man aber die Beobachtung gemacht, daß nicht nur sachliche, sondern auch literarische Fäden vom Pentateuch in das Buch Josua zu laufen scheinen und von da aus sogar in das Richterbuch hinein. Damit war das literarkritische Pentateuch-Problem ein Hexateuch-Problem geworden. Schon WELLHAUSEN hatte, wie der Titel seines grundlegenden Buches[3] zeigt, das Problem in diesem Umfang gefaßt. Darin hat er Zustimmung bei den meisten der führenden Literarkritiker gefunden. Sehr viele alttestamentliche Arbeiten haben schon in ihren Titeln den »Hexateuch«. Das war nicht als ein eine Aufgabe andeutendes Symbolum, sondern als eine literarische Realität gemeint. Alle die drei gefundenen Hauptquellen hatten — so meinte man nachgewiesen zu haben — die Geschichte Israels von der Schöpfung[4] bis zur Eroberung

---

[1] C. H. CORNILL, *Einleitung in die kanonischen Bücher des Alten Testaments*, 7. Aufl. Tübingen 1913.

[2] O. EISSFELDT, *Hexateuchsynopse*, Leipzig 1922.

[3] J. WELLHAUSEN, *Die Composition des Hexateuchs und der historischen Bücher des Alten Testaments*, 3. Aufl. Berlin 1899.

[4] Hier nahm man an, daß E eine Ausnahme bildete; meistens fand man die ersten Spuren dieser Quelle in Gen 15. Das war eigentlich bei der sonst durchgehenden Parallelität der drei Werke auffallend, und so war es nur die letzte Konsequenz der 4-Quellentheorie, wenn der gegenwärtige Verfasser den Versuch machte, E auch in Gen 1—11 nachzuweisen, s. S. MOWINCKEL, *The two Sources of the Predeuteronomic Primeval History (JE) in Gen 1—11*, Oslo 1937.

des Landes erzählt; die Geschichte seit dem Auszug aus Ägypten war auch in der Einleitung zu dem Gesetzbuche (D) kurz rekapituliert. Nun waren alle diese 4 Quellen zu einem Ganzen zusammengearbeitet worden: zuerst J und E, dann diese mit D vereinigt und im deuteronomistischen Geiste bearbeitet; schließlich war auch P als Rüstwerk des Ganzen mit den andern zu einer Einheit gemacht worden, und das Resultat war ein sechsteiliges Buch: der Hexateuch Genesis—Josua.

Um 1930 aber fingen sich Zweifel an der Endgültigkeit der Methode und Angriffe auf die angenommenen Resultate zu regen an. Der Angriff richtete sich zunächst gegen die Unterscheidung eines E von J, eine Unterscheidung, die von allen als schwierig und nicht immer durchführbar betrachtet wurde. Schon in seinem *Israel I-II* hatte JOH. PEDERSEN in den Anmerkungen die Quellenscheidung in einigen der Pentateucherzählungen angegriffen[5]. In einigen Zeilen über die E-Frage hatte ich selbst in ZAW 1930, S. 270f., meine von der gewöhnlichen abweichende Auffassung von E angedeutet, und 1933 erschien ein Buch von VOLZ und RUDOLPH, das die Theorie von der Quelle E als »ein(en) Irrweg der Pentateuchkritik« nachweisen wollte[6]. Hier wurde nur die Genesis behandelt; 1938 erweiterte RUDOLPH die Untersuchung auf den ganzen Hexateuch[7]. — Immer noch handelte es sich um den Hexateuch.

Daß die Bücher Jdc—II Reg keine selbständigen »Bücher« sind, sondern unter sich zusammenhängende Teile eines größeren Werkes, des deuteronomistischen Geschichtswerkes, war und ist noch die herrschende und wohl begründete Annahme. Unklar blieb aber, wie man sich die Verbindung mit dem Hexateuch vorstellen sollte. Daß ein solcher Zusammenhang geistesgeschichtlicher Art vorliegt, ist evident. Die typisch »deuteronomistische« Theologie und Beurteilung der Geschichte, die die Darstellung in Jdc—II Reg beherrscht, findet man auch in Josua herrschend; sie ist am ausführlichsten in den einleitenden und abschließenden Kapiteln des Dtn ausgedrückt und man findet sie gelegentlich auch im Pentateuch, besonders in den legislativen Stücken in Ex 12f. Meistens hat man sich die Sache so vorgestellt, daß der deuteronomistische Geschichtsschreiber den zusammengearbeiteten JE in den Büchern Gen-Ex-Num, Dtn 34 und Josua als den ersten Teil seines Werkes aufgenommen hat, darin das (erweiterte) Gesetzbuch D eingefügt und nun unter Benutzung von anderen Quellen das Werk mit der Geschichte der Richter und des Königsreiches fortgesetzt hat, damit die Bücher Richter, Samuel und Könige hervorbringend.

Für diesen vermuteten Werdegang machte es keinen prinzipiellen Unterschied, wenn man seit BUDDE[8] die Quellen J und E auch in dem Richter- und Samuelbuche

---

[5] JOH. PEDERSEN, *Israel I—II. Sjæleliv og Samfundsliv*, Köbenhavn 1920. Englische Ausgabe: *Israel, its Life and Cultur* I—II, London—Copenhagen 1926.

[6] P. VOLZ und W. RUDOLPH, *Der Elohist als Erzähler. Ein Irrweg der Pentateuchkritik?*, Gießen 1933.

[7] W. RUDOLPH, *Der »Elohist« von Exodus bis Josua*, Gießen 1938.

[8] K. BUDDE, *Die Bücher Richter und Samuel*, 1890; s. auch seine Kommentare zu diesen Büchern in MARTIS *Kurzer Hand-Com. z. AT*, 1897 und 1902. Einen Vorgänger hat BUDDE in CORNILL gehabt. — O. EISSFELDT hat seine 3 Quellen L, J und E auch im Richterbuch wiederfinden wollen, s. *Die Qellen des Richterbuches*, Leipzig 1925, und auch in Samuel will er 3 parallele Fäden nachweisen, ohne jedoch die Identifizierung mit den 3 in Gen-Ri vorzunehmen, s. sein *Die Komposition der Samuelisbücher*, Leipzig 1931. Ich kann EISSFELDT's Dreiquellenhypothese nicht überzeugend finden; ich schließe mich HÖLSCHER's Kritik an; s. *Geschichtsschreibung in Israel*, Anm. 25.

nachweisen zu können meinte, auch nicht wenn HÖLSCHER J bis I Reg 12 und E bis zum Ende des Königsbuches zu verfolgen imstande war[9].

Eine Änderung der Lage ist aber mit dem Erscheinen von M. NOTHS Buch *Überlieferungsgeschichtliche Studien I*[10] eingetreten. NOTH hat gesehen und m. A. n. unwiderlegbar bewiesen, daß das deuteronomistische Geschichtswerk mit Dtn anfing und nicht die Vorgeschichte, von der Schöpfung bis Exodus, enthalten hat. Zwei Beobachtungen NOTHS sind unbestreitbar: a) daß die Bücher Gen—Num keine Spur von einer deuteronomistischen Bearbeitung, abgesehen von einigen späteren Glossierungen und Zusätzen, aufweisen; und b) wenn der Verfasser des Geschichtswerkes beabsichtigt hätte, die ältere Vorgeschichte des J (JE) in sein Werk einzuverleiben, so hätte er es nicht nötig gehabt, die Vorgeschichte noch einmal zu rekapitulieren, wie er es in Dtn 1—4 getan hat. Nicht irgendein »Herausgeber«[11] des Gesetzbuches D ist es, sondern der Geschichtsverfasser selber, der diese Einleitung zu dem ganzen Werke geschrieben hat.

Mit NOTH stimmt nun ENGNELL[12] darin überein, daß er die literarische Verbindung zwischen Gen—Num und Dtn—II Reg zerschneidet. Er zieht daraus die Folgerung, die NOTH nicht gezogen hatte, daß die Bücher Gen—Num einmal als **eine** selbständige und abgeschlossene literarische Größe existiert habe, und nennt dieses Werk den Tetrateuch. Er verwirft die ganze Quellenscheidung und hält P für den Verfasser des Tetrateuchs, der die alten Stoffe mündlicher Überlieferung gesammelt und miteinander verbunden hatte, eben durch das Rahmen- und Gerüstwerk, das mit dem P der Literarkritik zusammenfällt.

Diese Hypothese von dem selbständigen Tetrateuch ist nun jedenfalls nicht in Übereinstimmung mit den Ansichten NOTHS. Dieser behauptet im Gegenteil ganz ausdrücklich, daß sowohl die alten »Pentateuchquellen« als auch die vorliegenden Bücher Gen—Num auf eine Fortsetzung mit einer Geschichte der Landnahme zielen und hat dafür auch entscheidende Gründe gegeben; darauf kommen wir unten zurück. Dazu muß bestimmt gesagt werden, daß ENGNELL keine durchschlagenden Beweise für seine Theorie gegeben hat, wie auch sein Buch mehr ein Arbeitsprogramm mit Thesen als

---

[9] G. HÖLSCHER, »Das Buch der Könige, seine Quellen und seine Redaktion«, in der Gunkelfestschrift *Eucharisterion I* (=*FRLANT* 36), Göttingen 1923, S. 158—213. S. auch sein Buch *Die Anfänge der hebräischen Geschichtsschreibung*, Heidelberg 1942 (über J); revidiert und mit einer entsprechenden Untersuchung über E erweitert in *Geschichtsschreibung in Israel*, Lund 1952. Den Versuch, J und E im Königsbuche nachzuweisen, hatte I. BENZINGER früher in seinem *Jahwist und Elohist in den Königsbüchern* (*BWANT* 27), 1921, gemacht, jedoch nach anderen Linien als HÖLSCHER. In *Det gamle Testament*, oversatt av S. MICHELET, SIGMUND MOWINCKEL und N. MESSEL (*GTMMM* II Oslo 1935) habe ich mich HÖLSCHERS Meinung angeschlossen, bin aber davon abgekommen, nachdem ich den Verfasser »E« aufgegeben habe.

[10] *Schriften der Königsberger Gelehrten Gesellschaft. Geisteswissenschaftl. Kl.* 18, 2, Halle-Saale 1943.

[11] Schon WELLHAUSEN hatte die vorliegende Form des Dtn als eine Zusammenarbeitung von zwei verschiedenen Ausgaben, die jede in ihrer Weise das »Urdeuteronomium« erweitert hatten, erklären wollen, s. *Composition*[3], S. 188—193.

[12] I. ENGNELL, *Gamla Testamentet. En traditionshistorisk inledning. I*, Stockholm 1945, S. 209 ff.

1*

eine auf den Grund dringende Untersuchung ist[13]. Nur schade, daß die »Resultate« der Untersuchung vorausgegangen sind[14]!

Von einem gewissen Gesichtspunkt aus gesehen, kann die folgende Untersuchung als eine literarkritische betrachtet werden, insofern es sich in der Tat um die Frage »Tetrateuch« oder etwas anderes dreht. Doch kann ich natürlich nicht das ganze literarkritische Problem aufrollen, sondern muß mich damit begnügen, meine Voraussetzungen zu präzisieren.

In *Der »Elohist« als Erzähler* hat VOLZ einen »Anhang« mit der Überschrift »P ist kein Erzähler« geschrieben, in dem er in kurzen, glossenartigen Bemerkungen die Theorie von einem geschichtsschreibenden Verfasser abtun will. Der Versuch kann nicht glücklich genannt werden, und in *Der »Elohist« von Exodus bis Josua* hat RUDOLPH in diesem Punkte Abstand von seinem Synzygos genommen. Ich halte immer noch die Existenz des P für eins der sicheren Resultate der Quellenkritik. Die Sintflutgeschichte anders als eine Zusammenflechtung von zwei parallelen, in vielen Einzelheiten jedoch voneinander abweichenden schriftlichen Varianten zu erklären, ist noch niemandem gelungen[15]. Daß man auch in Ex 1—15 nicht um eine zweisträngige Überlieferung herumkommt, habe ich gegen JOH. PEDERSEN zu zeigen versucht[16].

Wenn P herausgeschält ist, bleibt die offenbar ältere und ursprünglichere Darbietung des Stoffes, die — nach der Entfernung von P — denselben in einer so guten Zusammenarbeit bietet, wie man ihn überhaupt bei ursprünglich ganz selbständigen, jede für sich mündlich überlieferten Erzählungen aus verschiedenen Zeiten erwarten kann. Diesen Zusammenhang hat die mündliche Tradition vorbereitet, indem schon diese des öfteren die Einzelerzählungen zu Sagenkränzen verbunden hat[17].

---

[13] Damit soll nicht geleugnet sein, daß E.s Buch einen richtigen Grundgedanken und manche gute Beobachtung und erwägenswerte Bemerkung enthält. Die Einseitigkeit aber, unter der sein »reinkultivierter traditionsgeschichtlicher« Gesichtspunkt leidet, habe ich aufzuzeigen versucht in meinem »*Prophecy and Tradition*«, Oslo 1946.

[14] In seinem *Oral Tradition, a Modern Problem of Old Testament Introduction*, London 1954, spricht auch ED. NIELSEN immer wieder vom »Tetrateuch«. Es ist mir jedoch nicht klar, ob er das im Sinne ENGNELLs meint, oder ob es nur ein praktischer Terminus für die jetzt vorliegenden Bücher Genesis-Numeri ist.

[15] Auch ED. NIELSEN nicht in seinem *Oral Tradition*. Dasselbe muß auch von seinem Vorgänger U. CASSUTO, *La Questione della Genesi*, Firenze 1934, S. 335ff., gesagt werden.

[16] S. MOWINCKEL, »Die vermeintliche ‚Passahlegende‘ Ex 1—15«, *Studia Theologica V* (1951), S. 66ff.

[17] Das hat vor allem H. GUNKEL (*Genesis* 1901[1], 1917[4]) gesehen und betont.

Der Zusammenhang zwischen den ursprünglichen Erzählungen ist jedoch nicht nur ein solcher mehr oder weniger selbstgewachsener, er ist ein literarisch bewußter. Und was wichtig ist, der Zusammenhang wird nach der Entfernung der P-Stücke nicht nur nicht unklarer und schlechter, sondern positiv besser; dadurch wird er z. B. oft die Ungereimtheiten los, die jetzt das chronologische Gerüst des P ihm manchmal aufbürdet, wie etwa zwischen dem »It« der Sara in Gen 12 11f. und der Altersangabe in 12 4f. — Das ist natürlich ein schwerwiegendes Argument gegen die Theorie, die in P den ursprünglichen Sammler und Organisator der Überlieferung sehen will. Jene ältere Darstellung bietet nicht nur einen literarischen Zusammenhang der Vorgeschichte Israels, sie bietet auch eine leitende Idee, eine bewußte religiöse Auffassung der Geschichte der Menschheit und Israels[18]. Um nicht heillose Verwirrung in der wissenschaftlichen Terminologie zu stiften, muß man natürlich die traditionelle Bezeichnung »Jahwist« und das Siglum J beibehalten. Das um so eher, als es tatsächlich ein Charakteristikum dieses Verfassers ist, daß er meistens ganz unbefangen Jahwe Jahwe nennt, im Unterschied von P, der uns eine Offenbarungsgeschichte des Gottesnamens geben will: Elohim — El Schaddai — Jahwe.

Dagegen muß ich jetzt den Bekämpfern des »Elohisten« prinzipiell recht geben. Zwar nicht bezüglich ihrer Methode, die allzusehr mit planlosen Zusätzen und Zusätzen zu den Zusätzen operiert. Wohl aber in ihrer Hauptsache, daß es unmöglich und unberechtigt ist, den Jahwisten in zwei einander parallel laufende, jede für sich geschlossene Darstellungen derselben Geschichte aufzuteilen, die von einem Redaktor als Quellen benutzt worden seien. Der Hauptfehler VOLZs und RUDOLPHs sowie vieler Vorgänger verschiedener Theologie ist, daß sie — und darin liegt der Wahrheitskern in ENGNELLs Opposition gegen die Literarkritik — viel zu viel mit einem literarischen Prozeß, mit »Redaktoren«, die schreiben und abschreiben und umschreiben, rechnen und viel zu wenig mit der mündlichen Tradition und dem mündlichen Auswendiglernen, das immer noch die normale Überlieferungsweise des Orients ist[19].

---

[18] Das hat am schönsten HÖLSCHER ausgearbeitet, s. *Anfänge* S. 98 ff.; *Geschichtsschreibung*, S. 116 ff., 126 ff. Seine Darstellung behält ihren großen Wert, auch wenn seine Ausscheidung einer späteren parallelen Quelle »E« nicht haltbar sein sollte. Das würde nur bedeuten, daß die Darstellung in einzelnen Punkten modifiziert und vertieft werden müßte.

[19] Vgl. H. S. NYBERG, *Studien zum Hoseabuche* 1935; H. BIRKELAND, *Zum hebräischen Traditionswesen. Die Komposition der prophetischen Bücher des AT.*, Oslo 1936; MOWINCKEL, »Oppkomsten av profetlitteraturen«, *Norsk Teologisk Tidsskrift* 43 (1942) S. 65 ff.; *Prophecy and Tradition*, Oslo 1946. Es sollte aber nicht vergessen werden, daß die Betonung der mündlichen Tradition schon in GUNKELs *Genesis* auf Schritt und Tritt hervortritt.

6   Zur Einführung

Diese Unterschätzung wird mit dazu beigetragen haben, daß sowohl VOLZ wie RUDOLPH den Wahrheitskern verkannt haben, der doch in der Theorie von einem »E« liegt. Es läßt sich nämlich absolut nicht verkennen, daß es innerhalb »J« auch Perikopen gibt, bei denen man ohne die Annahme einer Zusammenarbeitung zweier Varianten desselben Stoffes nicht auskommen kann. Das gilt vor allem von der Sinaiperikope Ex 19—24, 32—34. Wenn man hier vom Dekalog in Ex 20, der offenbar P gehört, und dem »Gerichtsbuch« (Mischpat-Sammlung)[20] in 21f., das eine selbständige literarische Größe ist, absieht, so bleibt doch, trotz aller späterer Bemühungen, in der Hauptsache WELLHAUSENS Erkenntnis[21] bestehen, daß zwei in den Hauptzügen identische, in vielen Einzelheiten zum Teil sehr verschiedene Berichte über dasselbe Ereignis miteinander in der Weise verbunden worden sind, daß der eine (der ältere) als eine Wiederholung des Bundesschlusses hinter den anderen (den jüngeren) gestellt worden ist, wobei die Notwendigkeit der Wiederholung als in dem mit der Verehrung des goldenen Stierbildes begangenen Bundesbruch begründet betrachtet wurde. Daß auch die »Quellenscheidung« in der Bileamperikope Num 22—24 berechtigt und notwendig ist, hat EISSFELDT noch einmal gezeigt[22].

Mir war es aber längst klar geworden[23], daß »E« weder eine in sich geschlossene, von J unabhängige Darstellung der Vorgeschichte Israels noch »ein nordisraelitisches Sagenbuch«[24] gewesen ist. »E« ist überall, wo man ihn hat nachweisen wollen, und überall, wo etwas wie eine »E«-Variante vorliegt, von J abhängig, und vertritt eine jüngere Entwicklung der jemaligen J-Tradition, was sich überall nach traditionsgeschichtlichen und theologischen Kriterien nachweisen läßt. »E« ist ebenso judäisch wie J[25]. Man hat darauf hingewiesen, daß »E«

---

[20] Die übliche Benennung »Bundesbuch« ist irreführend und sollte aus der wissenschaftlichen Terminologie ausgehen. Der Ausdruck *sepær hăb-b'rît* Ex 24 7, der natürlich nicht »Bundesbuch« übersetzt werden muß, sondern ebensogut »Bundesdokument« bedeuten kann, bezieht sich nicht auf Ex 21f., sondern auf die Gebote in Ex 34 (J) bzw. die in Ex 20—23 nach Ausscheidung des P-Dekalogs und des Gerichtsbuches bleibenden Bundesbedingungen — in Ex 34 einen Dekalog, in Ex 20—23 eine Erweiterung des Dekaloges in Kap. 34; S. MOWINCKEL, *Le Décalogue*, Paris 1927, S. 18—50.

[21] *Composition des Hexateuchs*[3], S. 81ff. — Zu den späteren Einwendungen vgl. *Le Décalogue*, S. 18—50.

[22] »Die Komposition der Bileam-Erzählung«, *ZAW* 57 (1939), S. 212ff.

[23] S. die von VOLZ (*op. cit.* S. 7f.) zitierten Zeilen aus *ZAW* 1930, S. 270f.

[24] Vgl. das Buch von O. PROCKSCH, *Das nordisraelitische Sagenbuch. Die Elohimquelle*, 1906.

[25] Das hat schon HÖLSCHER klar erkannt, s. *Geschichte der israelitischen und jüdischen Religion*, 1922, S. 93: »die gewiß in Jerusalem entstandenen Quellen J und E«. Weiter ausgeführt in *Geschichtsschreibung in Israel*, S. 165ff. H. argumentiert zwar von

mehr nordisraelitische Stoffe als J bietet. Nun, »mehr« beruht eben
darauf, wie findig man ist, einen »E« aufzuspüren. Man sollte aber
nicht vergessen, daß alle echte israelitische Tradition ursprünglich
nordisraelitisch ist; denn das eigentliche Israel bestand eben aus dem
sogenannten Nordisrael. Juda und den Süden hat erst David zu einem
»israelitischen« Stamm gemacht. Die Verbindung der Patriarchen mit
dem Süden ist eher sekundär als ihre Verbindung mit Mittelpalästina.

Die Erklärung der stellenweisen Erweiterung von J mit jüngeren
Varianten derselben Stoffe muß m. A. n. erstens darin gesucht werden,
daß die schriftliche Fixierung bei J selbstverständlich nicht dem
mündlichen Weiterleben der Traditionen irgendwelchen Abbruch getan
hat. Die Erzählungen haben ihr mündliches Leben fortgesetzt und sich
dabei nach den Gesetzen jeder Traditionsweiterführung weiterent-
wickelt in Übereinstimmung mit den wechselnden sozialen Verhältnissen und sittlichen und religiösen Ideen der wechselnden Zeiten[25a].
Tradition ist keine statische, sondern eine lebendige Sache. Zu diesen
weiterentwickelten Varianten mögen natürlich auch Motive und Stoffe
anderen Ursprungs hinzugekommen sein, die inzwischen mit den Personen der Überlieferung in Verbindung gesetzt worden waren. Eine
Überlieferung dieser Art haben wir etwa in Gen 14, dieser gelehrten
Legende, die alte Einzelzüge bewahrt haben mag, die aber unter keinem
Umstande als ein »Dokument« betrachtet werden kann.

Dann ist einmal der Zeitpunkt gekommen, wo jemand — oder
meinetwegen eine »Schule« — die Aufgabe auf sich nahm, (alle) diese
nicht gebuchten Stoffe in das schriftlich und mündlich überlieferte
Buch des J hineinzuarbeiten. Das hat er teils so getan, daß er die Varianten als Varianten erkannte und die beiden Formen ineinander
flocht, wie etwa in der Bileamperikope, teils so, daß er sie als zwei verschiedene, wenn auch einander ähnliche Vorgänge auffaßte und sie
nebeneinander stellte, oder sie in der Weise verband, wie es in der Sinaiperikope geschehen ist. Was die Literarkritik von den jüngeren Bestandteilen innerhalb J als eine parallellaufende Quelle E zusammenfassen
wollte, ist meistens[26] als stellenweise vorgenommene Erweiterungen

---

der Voraussetzung von »E« als einem selbständigen literarischen Werk aus; seine Aus-
führungen haben aber auch bei meiner Auffassung von »E« — und erst recht dann —
ihre volle Gültigkeit.

[25a] Vgl. meinen Artikel »Tradition, oral« in *Interpreter's Dictionary*.

[26] Ich sehe hier natürlich von den vielen Stellen ab, wo man, kraft der petitio
principii, daß es ein solches »E« gebe, unberechtigterweise eine minutiöse Quellenscheidung vorgenommen hat, ohne daß wirkliche durchschlagende Gründe vorlagen,
aber von dem Interesse getrieben, auch hier die beiden Quellen zu finden. Es war ja eine
Voraussetzung für die Haltbarkeit der Hypothese, daß man zwei möglichst in sich zusammenhängende Fäden aufweisen konnte. Bei der Kritik solcher Fälle haben Joh.
Pedersen, Volz, Rudolph und andere nützliche Arbeit getan. Jene aus der petitio

und Bearbeitungen mittels des im Laufe der Zeit entstandenen Variantenstoffes zu beurteilen. So ist aus dem ursprünglichen Jahwista invariatus ein jüngerer Jahwista variatus, ein J^v entstanden.

Meine Lösung der J-E-Frage ist eine Konsequenz der viel stärkeren Betonung der mündlichen Überlieferung, die eigentlich auf GUNKELS Arbeiten zurückgeht und sich heute bei vielen Vertretern der alttestamentlichen Forschung durchgesetzt hat[27]. So ist es hoffentlich auch verständlich, warum ich EISSFELDTS Vorschlag, den J in zwei selbständige Quellen, den L (»Laienquelle«) und den etwas jüngeren J aufzuteilen und mit drei unabhängigen, einander parallellaufenden Penta- bzw. Hexateuchquellen L, J und E zu rechnen[28], nicht akzeptieren kann. Die Methode der Quellenscheidung scheint mir hier, wie oft bei der älteren Kritik, so einseitig literarisch ausgerichtet zu sein und so wenig mit der Einwirkung der mündlichen Tradition zu rechnen, daß sie nicht nur die Grenzen des möglich Erreichbaren überschreitet, sondern auch notwendigerweise zu irrigen Resultaten führen muß.

So rechne ich denn im Folgenden nur mit den drei »Quellen«: Jahwist, Deuteronomist und Priesterschrift. Ein Buch »E« hat es m. A. n. nie gegeben.

Die Frage, die ich mir gestellt habe, ist die alte: haben alle diese Quellen einen Bericht über die Landnahme enthalten und was haben sie davon erzählt?

Meine Antwort ist keine neue, sondern liegt auf der Linie der älteren literarkritischen Ansichten.

Nach der Verschiebung der Fragestellung, die durch die Symbola des Buchtitels angedeutet ist, schien es mir notwendig, die dargebrachten Gründe noch einmal zu prüfen.

---

principii hervorgenommene Quellenscheidung ist wohl auch meistens die Ursache dazu, daß man gelegentlich »E«-Varianten zu finden geglaubt hat, die traditionsgeschichtlich älter als die betreffenden J-Varianten seien.

[27] Vgl. oben Anm. 19.

[28] S. oben Anm. 8.

I. DER LANDNAHMEBERICHT DES JAHWISTEN

A. SPUREN UND FRAGMENTE

1. J in Ex-Num zielt auf einen Einwanderungsbericht

In seiner wertvollen Studie mit dem den reichen Inhalt des Buches nicht deckenden Titel *Das formgeschichtliche Problem des Hexateuch*[1] hat G. VON RAD gezeigt, daß der Traditionskomplex, der in den Büchern Genesis — Exodus — Numeri — Dtn 31—34 vorliegt, um zwei zentrale Überlieferungskomplexe aufgebaut ist: die Sinaitraditionen und die Landnahmetraditionen. Diese beiden haben ein gemeinsames »Vorspiel«: die Überlieferungen vom Auszug aus Ägypten. Sie sind nun miteinander verbunden worden, indem die Sinaitraditionen in die Landnahmetraditionen »eingebaut« worden sind; als Vorgeschichte haben sie die Väterüberlieferungen (die Patriarchensagen) und als Vorspiel die Urgeschichte erhalten. Das Resultat dieses traditionsgeschichtlichen Prozesses liegt in der Israelsaga des Jahwisten vor und insofern auch im »Hexateuch«, als die Saga[2] des J das Vorbild aller späteren Darstellungen von der Geschichte Israels gewesen ist.

In dieser letzten Ansicht hat VON RAD ohne jede Frage Recht. Aber auch seine Auffassung vom traditionsgeschichtlichen Werdegang der Alt-Traditionen Israels dürfte im großen ganzen das Richtige getroffen haben. Man kann darüber im Zweifel sein, ob dieser Kompositionsprozeß schon vor dem J stattgefunden habe oder nicht. Persönlich halte ich es mit VON RAD für überaus wahrscheinlich, daß diese großangelegte Schlußkomposition der gesamten Traditionsmasse das persönliche Werk des bewußt arbeitenden Verfassers J ist. Einer muß es doch erstmalig getan haben — hier genügt kein »Volksgeist«! — und warum denn nicht der »Saga-Mann« J!

Nun ist es klar, daß diese ganze Komposition des J vom ersten Augenblick an auf die Landnahme, Israels Besitzergreifung des verheißenen Landes »der Väter« und das ewige göttlich garantierte Anrecht darauf, zielt. Daß J auch von der Landnahme erzählt haben muß, ist daher selbstverständlich. Er hat damit nur die Konsequenz des Aufkommens und Erhaltenbleibens und der Weiterentwicklung der Alt-Traditionen Israels gezogen.

Das hat nun auch NOTH, der das Werden des Josuabuches ganz von dem des »Pentateuchs« trennen will, klar erkannt. NOTH sagt:

---

[1] *BWANT 78*, Stuttgart 1938.

[2] Das alt- und neunorwegische Wort *Saga* bedeutet nicht »Sage« in dem modernen Sinn dieses Wortes, sondern »erzählende Geschichte, Geschichte«. In diesem Sinne wird es auch von den alten Verfassern der Königssaga'en gebraucht.

»Das kann . . . nicht zweifelhaft sein, daß sie (d. h. die alten Pentateuchquellen) eine — wie auch immer gestaltete — Landnahmeerzählung gehabt haben. Das ergibt sich schon daraus, daß einer der in sie eingegangenen größeren Traditionskomplexe auf das Thema der Landnahme hin ausgerichtet gewesen war (NOTH verweist hier auf VON RAD), und weiter daraus, daß in ihrem Gesamtaufbau schon durch die Landverheißungen in der Erzvätergeschichte die künftige Landnahme als Ziel der Erzählung angedeutet wurde. Vor allem aber kamen in ihnen ja bereits vor der Geschichte vom Tode Moses verschiedene Beiträge zum Thema Landnahme vor, die wegen ihrer Stellung im Ganzen der Erzählung mit in den Pentateuch aufgenommen worden sind, und die zeigen, daß die Besetzung des Kulturlandes durch israelitische Stämme und Sippen hier mit in die Disposition der Verfasser einbezogen gewesen war; so wird in Num 14 24 auf den künftigen Kulturlandbesitz Kalebs hingewiesen und in Num 14 23 allgemein der Einzug der nächsten Generation in das verheißene Land in Aussicht gestellt, besonders aber in Num 21 21-32 die Besiegung des Königs von Hesbon erzählt und die Ansiedlung »Israels« in seinem Lande berichtet (v. 25 b. 31) und in Num 32 1-5. 16 a. 39-42 in zwei verschiedenen Schichten von der Festsetzung israelitischer Stämme und Sippen im Ostjordanlande gesprochen«[3].

Um diese Betrachtung ist nicht herumzukommen. J muß von der Landnahme erzählt haben; und vom Anfang derselben, der Besetzung des Ostjordanlandes, wird in den erhaltenen Teilen von J in Numeri erzählt. Wie man im einzelnen die J-Bestandteile hier ausscheiden und abgrenzen zu können meint, ist in diesem Zusammenhang nebensächlich. Hauptsache ist, daß eben J hier beteiligt ist.

Es fragt sich dann: ist etwas von der Fortsetzung der Landnahmegeschichte des J erhalten?

2. J in Num 32

Wenigstens an einer Stelle innerhalb des Pentateuchs wird es nun allgemein zugegeben, daß Elemente der älteren Saga in einer sonst sekundären Traditionsbildung vorliegen, nämlich in Num 32, dem Bericht von der Wohnsetzung von Gad, Ruben und Halb-Manasse im Ostjordanlande.

Mag sein, daß die Kritiker gelegentlich hier zwischen »J« und »E« geschwankt haben oder nicht gewagt haben, zwischen den Elementen aus »J« und »E« zu unterscheiden. NOTH spricht jedenfalls von J, und wenn man, wie RUDOLPH, ich selbst und andere, nicht einen selbständigen »E« anerkennt, ist die Unterscheidung belanglos. Wir können in Num 32 von möglichen, noch späteren Erweiterungen, die mit der Zusammenknüpfung der »Bücher« Gen—Num mit dem Anfang des deuteronomistischen Sagawerkes, Deuteronomium, zusammenhängen, und eventuellen dadurch entstandenen Unebenheiten absehen. Ich gebe zu, daß eine Quellenscheidung in J und E, etwa wie ich sie in GTMMM I vorgenommen habe, oder wie sie immer noch NOTH versucht[4], der nötigen tragfähigen Grundlage entbehrt; darin gebe ich jetzt RUDOLPH recht[5].

---

[3] *Überlieferungsgeschichtliche Studien I*, S. 210 f.

[4] *Überlieferungsgeschichtliche Studien I*, S. 196 ff.

[5] Zu dem alten J-Kern im letzten Teil von Numeri rechnet RUDOLPH (*Der »Elohist« von Exodus bis Josua BWANT* 67, 1938). 21 21-24 bα (26), 27-30, 25, 32, [die Bileamperi-

In Num 32 wird nun erzählt, daß nach der Eroberung von Sichons ostjordanischem Reich die beiden Stämme Gad und Ruben zu Moses kamen und ihn baten, ihnen dieses Land als Wohnstätten zu überlassen, weil sie viel Vieh hatten und das Land zur Viehzucht geeignet sei. Moses willigte ein unter der Bedingung, daß sie an der Eroberung des Westjordanlandes teilnehmen sollten; das versprachen sie und bauten nun »Städte« im Ostjordanlande für ihre Frauen und Kinder und ihr Vieh. Als Ganzes ist dies, wie GRESSMANN längst nachgewiesen hat[6], eine sekundäre Sagenbildung, keine wirkliche, geschichtliche Erinnerung von dem, was bei der Landnahme der Israeliten passierte. Die Wohnsetzung Halbmanasses in Basan hat nach anderen und unzweifelhaft besseren Überlieferungen vom Westen nach Osten nach der israelitischen Landnahme stattgefunden. Der Viehreichtum der Stämme Gad und Ruben ist selbstverständlich nicht die Ursache ihrer Wohnsetzung im Ostjordanlande, sondern eine Folge davon; wie hätten sie 40 Jahre hindurch ihr Großvieh durch die Wüste mitbringen können?
Auch stilgeschichtlich zeigt sich Num 32 als eine späte Überlieferung. Die wirklich alten Überlieferungen von geschichtlichen Begebenheiten haben im AT die epische oder die anekdotisch pointierte Form der Geschichtssage: in Num 32 geschieht eigentlich nichts; das Kapitel ist nur ein breit ausgeführtes Gespräch, traditionsgeschichtlich gesehen von derselben Art wie das große Kapitel Gen 23. Die Absicht dieser Sagenbildung ist, eine ätiologische Erklärung eines gegebenen Zustandes zu geben; sie will erklären, warum jene beiden (2½) Stämme nicht im eigentlichen Kanaan wohnten wie die anderen israelitischen Stämme, sondern im Ostjordanlande, das in der Tat auch in einem loseren Verhältnis zu dem israelitischen Stammesbunde als die anderen Landesteile stand; es klingt, als wollte die Sage neben ihrem ätiologischen Hauptzweck auch jenen Stämmen ihre Zusammengehörigkeit mit den anderen und ihre Bundesverpflichtung ihnen gegenüber in den Sinn legen.
Gegen Ende des Kapitels aber steht ein kurzes Stück anderer Art v. 39-42[7]. Hier wird in kurzer Notizform, die offenbar eine geschichtliche

---

kope Kp. 22—24; die Abgötterei in Schittim 25 1-5] 32 2*. 4-6. 16a. 17. 20-23. 25-27. 33a*. 34-39. 41f.; daran schloß sich Moses Tod in Dtn 34 1*. 2-7. 8a* an. Man darf damit rechnen, daß J jedenfalls diese Stücke enthalten hat, wenn man auch mit RUDOLPH über Einzelheiten in seiner Ausscheidung von sekundären Bestandteilen diskutieren kann.
[6] HUGO GRESSMANN, *Mose und seine Zeit. Ein Kommentar zu den Mosesagen* [*FRLANT* 18], Göttingen 1913.
[7] Oder genauer: v. 39. 41-42. — v. 40 wiederholt sachlich v. 39, legt aber einen anderen Gesichtspunkt an: in v. 39 »Makir zog hinauf und nahm«, in v. 40 »Moses gab dem Makir«. Jeder frei formende Erzähler, der diese beiden Momente mitnehmen wollte, müßte v. 40 vor v. 39 gesetzt haben: Moses gab — dann zog Makir hinauf und nahm. v. 40 ist ein »redaktioneller« Zusatz, der v. 39. 41. 42 mit der vorhergehenden Erzählung verbinden will.

Erinnerung deckt, erzählt, daß Makir, Sohn des Manasse — d. h. der manassitische Klan Makir — nach Gilead zog, die Amoriter vertrieb und dort ansässig wurde, und weiter hören wir von Ja'ir, dem Sohne Makirs, der die Zeltstädte Ja'irs gründete, und von der manassitischen Eroberung des Gebietes von Nobach. Diese Nachricht ist absolut unvereinbar mit der vorhergehenden Erzählung; wenn die Israeliten unter der Führung Moses schon die Reiche der Amoriter erobert hätten, so hätte Makir es nicht nötig gehabt, »hinaufzuziehen und die Amoriter, die dort wohnten, zu vertreiben«. Der ursprüngliche Sinn der Makir-Notiz ist ohne Zweifel, daß sie von dem Westjordanlande hinaufzogen und sich neue Wohnsitze im Ostjordanlande eroberten, wie es aus Jos 17 16-18 hervorgeht.

Es ist somit ganz klar, daß wir es in Num 32 mit einer Zusammenkoppelung von zwei ursprünglich ganz selbständigen Überlieferungen über dieselben Vorgänge, die Wohnsetzung der Israeliten im nördlichen Ostjordanlande, zu tun haben. Es kann sich hier nicht um eine »Sondertradition« (v. 39-41) handeln, die der Verfasser des Kapitels Num 32 (anderswoher?) aufgenommen hätte; diese »Sondertradition« ist von einem späteren Redaktor zu der Erzählung in Num 32 hinzugesetzt worden. Wir haben es nicht mit der mündlichen Zusammenschmelzung von zwei Traditionen zu tun, sondern mit einer bewußten literarischen Zusammenkoppelung von zwei selbständigen Bildungen. Das beweist v. 40, das redaktionelle Bindeglied zwischen ihnen[8]. Literarisch und von dem Gesichtspunkte des Kontextes in Num 32 aus sind v. 39. 41. 42 allerdings ein Zusatz; hier haben diese Notizen offenbar nicht ihren ursprünglichen Platz. Sie sind nicht frei geformt, so daß man vermuten könnte, daß der »Redaktor« sie aus mündlicher Überlieferung hätte, der er eine dem Kontext passende Form geben wollte; er hat sie, wie seine Hinzufügung von v. 40 beweist, aus einer literarischen Quelle. Daß wir es hier mit Elementen eines Landnahmeberichts des J̃ zu tun haben, ist wenigstens überaus wahrscheinlich. Wie wir sehen werden, finden sich auch im Josuabuche notizenartige Überlieferungen, die eine sachliche und stilistische Verwandtschaft mit den J-Notizen in Num 32 aufweisen. Oben wurde schon auf Jos 17 16-18 verwiesen. So werden wir zu dieser und der anderen mit ihr verwandten Überlieferung im Josuabuche geführt.

3. Fragmente älterer Überlieferungen
in der deuteronomistischen Eroberungsgeschichte im Josuabuche

NOTH verneint die frühere Vermutung, daß Teile von J im Josuabuche zu finden sind[9], gibt aber die Möglichkeit zu, daß versprengte Teile davon in Jos 15 13-19 und Jdc 1 überliefert sein können[10].

---

[8] S. die vorhergehende Anm.
[9] *Das Buch Josua*, S. XIII.
[10] *Überlieferungsgeschichtliche Studien I*, S. 210ff.

Wir brauchen hier vorläufig nicht auf die Frage einzugehen, wie sich die in Jos 2—11 vorliegenden Stoffe zusammengefunden haben. Vorläufig genügt die Feststellung, der sowohl die ältere Literarkritik als auch Noth gewiß beipflichten werden, daß sich hier zwar gewisse alte Traditionen finden, daß aber der Komplex als Ganzes eine späte und traditionsgeschichtlich sekundäre Bildung ist. Und ich füge hinzu, worauf ich später zurückkomme: eine Bildung, die nach einem schon existierenden Schema aufgebaut worden ist. In Jos 1—11 als Ganzes genommen haben wir — das wird wohl jeder Forscher, der sich mit diesen Fragen beschäftigt hat, zugeben — den Landnahmebericht des deuteronomistischen Geschichtswerkes. Daß dieser Bericht eine recht späte Geschichtskonstruktion ist, wird auch allgemein zugegeben. Die Frage, ob sich darin auch Bestandteile von P finden mögen, halte ich vorläufig in suspenso. Wenn es aber feststeht, daß J eine Fortsetzung von der Besitznahme des Westjordanlandes geboten haben muß, so muß die richtige Fragestellung die sein: kann man innerhalb des relativ späten Komplexes Jos 2—11 wirklich alte Traditionen nachweisen, die in ihrer Auffassung der Ereignisse sich von der Einrahmung, in der sie jetzt stehen, wesentlich unterscheiden?

Nun gibt es in der Tat innerhalb der Geschichtslegende in Jos 1—11 Stücke, die sowohl stilistisch als auch sachlich, in ihrer altertümlichen, religiös und moralisch »primitiven« Beurteilung von Personen und Handlungen, ein von der Umgebung recht abweichendes Gepräge haben.

Zunächst ist hier Jos 2 über die Ausspähung von Jericho und die Hilfe, die die Hure Rahab bei der Eroberung den Israeliten leistete, zu nennen. Die Erzählung steht im krassesten Gegensatz zu den heiligen Legenden, die sie in Kap. 1 und in 3 1-51 umgeben, und desgleichen zu dem Bericht über das Schicksal der Stadt in Kap. 6[11]. Hölscher[12] hat wohl recht in seiner Vermutung, daß die Erzählung ursprünglich damit endete, daß die Einwohner getötet wurden, die Stadt aber (wieder) bebaut wurde (vgl. Jdc 1 16 II Sam 10 5), und jedenfalls daß die Rahab geschont wurde und »unter den Israeliten wohnte bis auf diesen Tag«, wie es ausdrücklich in Jos 6 25 heißt. »Wohnte« — wo? Selbstverständlich in Jericho. Die Sippe der Rahab sind offenbar Leute desselben Berufs wie die Stamm-Mutter, somit Hierodulen, wie Hölscher mit Recht annimmt. Die Notiz in 6 25 steht somit in striktem Gegensatz zum umgebenden Bericht, der von der Vernichtung der Stadt und der Einwohner durch den Bann (hæræm) erzählt. Die Notiz 6 25 gehört offenbar mit der Erzählung in Kap. 2 zusammen und hat den Abschluß derselben gebildet. Das bestätigt die Vermutung, daß Kap. 2 eigentlich eine andere Erzählung als die in Kap. 6 voraussetzt und ursprünglich auch von einer solchen fortgesetzt wurde. Zu irgendwelcher Quellen-

[11] Siehe die Zusammenfassung der Argumente bei K. Möhlenbrink, »Die Landnahmesagen des Buches Josua« ZAW 56 (1938), S. 238ff. M.'s Versuch, die Legende vom Fall der Mauern von der Stadt Jericho zu trennen, ist willkürlich und überscharfsinnig.
[12] »Zum Ursprung der Rahabsage«, ZAW 38 (1919-20), S. 54ff.

scheidung im literarischen Sinne innerhalb Kap. 2 liegt aber kein Grund vor. — Hier ist somit eine ältere Überlieferung mit einer jüngeren Legende in der Weise zusammengeflochten worden, daß die Rahabsage als Einleitung zu der jüngeren Legende benutzt und der Hauptteil der älteren Überlieferung ausgelassen worden ist; an die Stelle dieser ist die jüngere Legende in Kap. 6 gekommen, diese ist aber durch die ursprüngliche Schlußnotiz der Rahabsage 6 25 abgeschlossen worden. Das ist ein Verfahren, das nicht nach einem in der mündlichen Überlieferung vorgenommenen, sozusagen organischen Zusammenwachsen verschiedener verwandter Traditionen aussieht. Das ist eine literarische redaktionelle Arbeit eines bewußt wählenden und ausschaltenden »Redaktors«. Die Arbeitsmethode des »Verfassers« in Jos 2—6 erinnert so sehr an diejenige in Ex 19—24, 32—34, daß man auch hier allen Grund hat, an eine schriftliche Prozedur zu denken. Die traditionskritische Analyse führt von selbst in eine literarkritische über.

Wenn nun zugegeben wird — wie NOTH es tut, und wie es auch der Auffassung der »Literarkritiker« mehr oder weniger entspricht —, daß Jos 1—11 nicht von J stammen kann, sondern daß dieser Traditionskomplex in seiner vorliegenden Gestalt einer von J recht verschiedenen Geschichtsauffassung und einer anderen theologischen Haltung Ausdruck gibt, so ist es eine an sich naheliegende Vermutung, daß die Elemente einer älteren Überlieferung, die sich dort finden und allem Anschein nach literarisch eingearbeitet sind, aus der einzigen, unseres Wissens nach existierenden älteren Landnahmegeschichte, der des J, die wir schon aus Num 32 kennen, stammen.

Das ist vorläufig eine Arbeitshypothese, die nähere Untersuchung und Erwägung verlangt.

Dieselbe notizartige Form und denselben Gesichtspunkt hinsichtlich der Besetzung des Landes wie in Num 32 39-42 finden wir in der Notiz J os 11 13: »Alle die Städte aber, die auf Hügeln angelegt waren, konnten die Israeliten nicht (stürmen und) verbrennen; nur Hasor verbrannten sie«. Diese konkrete Notiz unterscheidet sich eben durch ihre realistische Nüchternheit von dem generalisierenden legendarischen Bericht in Kap. 11 [13] nach dem, gegen alle sonstigen Quellen und jede geschichtliche Wahrscheinlichkeit, das ganze Nordpalästina durch die einzige Schlacht bei Merom in die Hände der Israeliten fiel und die Eingeborenen bis zum letzten Rest ausgerottet wurden. Zu beachten ist auch, daß in v. 13 »Israel« das handelnde Subjekt ist, während sonst im Kap. 11 Josua der Handelnde ist. Es ist offenbar, daß hier ein Fragment eines älteren Berichts in die Legende von der Eroberung Galiläas aufgenommen worden ist. Und überaus wahrscheinlich

---

[13] S. unten S. 40f.

ist es, daß nicht nur ein sachlicher, sondern auch ein literarischer Zusammenhang zwischen unserer Notiz und den J-Notizen in Num 32 besteht, m. a. W. daß Jos 11 13 aus dem Landnahmebericht des J
stammt. Man wird zugeben müssen, daß, wenn Num 32 39-42 dem J
zugerechnet wird, man logischerweise dasselbe mit Jos 11 13 tun muß.

Wenn das richtig ist, so ist damit bewiesen, daß der Verfasser der
Geschichtslegende Jos 2—11 den Landnahmebericht des J gekannt
und benutzt hat. Unter allen Umständen ist schon bewiesen, daß er eine
ältere, in ihrem Totalaufriß und ihrer Geschichtsauffassung ganz andersartige Quelle gekannt und aus ihr gelegentlich auch einzelne Notizen aufgenommen hat, sie soweit als möglich seiner eigenen legendarischen Auffassung des Geschichtsverlaufes adaptierend.

Nun gibt es bekanntlich im Josuabuche auch eine Reihe von
»eingesprengten« Stücken genau desselben notizartigen und anekdotischen Gepräges wie die oben genannten, nämlich Jos 15 13-19 15 63
16 10 17 12-13 17 14-18 19 47. Sie heben sich alle stilistisch und sachlich
von ihrer Umgebung ab und verraten eine ganz andere Auffassung des
Verlaufes der Landnahme als diejenige der Josualegende. Wie erra-
tische Blöcke heben sie sich alle gegen ihre Umgebung ab, welche sie
mehr oder weniger deutlich unterbrechen. 15 13-19 steht zwischen der
Grenzbestimmung Judas 15 1-12 und der Aufzählung der judäischen
Städte 15 20-62, Stücken, die offenbar sachlich und literarisch zusammengehören. Die Plazierung ist nicht ungeschickt, insofern als 15 13-19
von der Besetzung gewisser Gebiete in Negeb erzählt, und v. 20ff. mit
der Aufzählung der Städte des Südens anfängt. Daß aber in 15 13-19
eine andere Quelle als sonst im Kapitel benutzt worden ist, liegt auf der
Hand; mit dem listenartigen Gepräge der Umgebung hat 15 13-19
nichts gemeinsam.

In Jos 15 63, über das Verbleiben der Jebusiter in Jerusalem, ist
der Gesichtspunkt genau derselbe wie in Num 32 39ff. und Jos 11 13:
welche Städte besetzt und welche nicht besetzt wurden. Das deutet auf
dieselbe literarische Vorlage. Der Verfasser von Kap. 15 empfand es als
notwendig, diese anderswoher stammende Notiz nachzutragen, da er
Jerusalem nicht genannt hatte; von dem geschichtlichen Standpunkt
seines Berichtes aus gesehen, ganz korrekt.

Ganz auf derselben Linie wie 15 63 steht 16 10 über die Nichtbe-
setzung von Gezer.

In direktem Widerspruch zu der Aufzählung der von den Josefsöhnen besetzten Gebiete und Städte stehen die Notiz in 17 12-13 und
die anekdotische Erzählung in 17 14-18. Die Auffassung von der all-
mählichen Besetzung des Landes ist genau dieselbe wie in den oben
behandelten Notizen. Dasselbe gilt von der Notiz in 19 47 über die Auswanderung der Daniten, deren Text nach der LXX zu rekonstruieren ist.
Sie ist deutlich anderswoher zwischen v. 46 und v. 48 eingekeilt worden.

Daß nun alle diese Stücke sachlich und literarisch zusammengehören, kann keinem Zweifel unterliegen und ist auch längst von den Forschern erkannt worden. Sie stammen alle aus derselben Quelle — und haben dem Verfasser der Josuageschichte literarisch vorgelegen. Ob »der Verfasser« hier der erste Verfasser der legendarischen Josuageschichte oder ein späterer Redaktor ist, der die Quelle vorgefunden und sie in die Josuageschichte nachgetragen hat, ist in diesem Zusammenhange belanglos. Hauptsache ist, daß hier aus einer anderen Quelle geschöpft worden ist und daß die eingesprengten Stücke im Josuabuche sowohl formell wie vom Gesichtspunkt des Wie der Landnahme auf demselben Standpunkt stehen wie die J-Notizen in Num 32 39-42.

Das heißt, daß es überaus wahrscheinlich ist, daß wir hier versprengte Stücke aus dem Landnahmebericht des J vor uns haben.

Damit haben wir gegebenenfalls einen recht deutlichen Eindruck von der Art und dem Gesichtspunkt dieses J-Berichtes erhalten. Er hat nicht von einer gemeinsamen raschen Eroberung der vereinigten israelitischen Stämme erzählt, sondern hatte den Charakter einer mit Anekdoten — mehrmals lokalätiologischer Art — gespickten Aufzählung der Gebiete, die im Laufe der Zeit von den einzelnen, jeweils für sich operierenden Stämmen, besetzt wurden, mit ausdrücklicher Nennung der von ihnen damals nicht eroberten, — erst später, »als Israel stark wurde«, okkupierten — Städte.

4. Diese weisen auf Jdc 1

Die Quelle, aus der die genannten Stücke im Josuabuche stammen, besitzen wir noch. Fast sämtliche derselben finden sich auch, und zwar als sachlich zusammengehörige Teile eines literarischen Ganzen, in Jdc: Jos 15 13-19 = Jdc 1 11-15; Jos 15 63 = Jdc 1 21; Jos 16 10 = Jdc 1 29; Jos 17 11-13 = Jdc 1 27f.; Jos 19 47 hat eine kürzere Parallele in Jdc 1 34f.[14]. Daß auch Jos 15 13-18 einmal seinen Platz in Jdc 1 gehabt hat, ist somit im Voraus wahrscheinlich und ist auch von früheren Forschern behauptet worden[15].

Wir wenden uns somit Jdc 1 zu[16].

---

[14] An beiden Stellen wird das nach jedem Stadtnamen wiederholte *úbenotæhā* Zusatz eines unter dem Einfluß des P-Stils schreibenden Glossators sein. Es ist zuerst in Jos 19 47 hinzugefügt worden und von dort in Jdc 1 34f. hineingenommen worden.

[15] Siehe NOTH in *ZDPV* 58 (1935), S. 202; MOWINCKEL in *GTMMM II*, S. 3, 51.

[16] Über die Auffassung der verschiedenen Forscher von Jdc 1 s. EISSFELDT, *Hexateuchsynopse*, S. 82.

B. KAPITEL 1 DES RICHTERBUCHES

1. *Jdc 1 kein selbständiges »Dokument«*

Jdc 1 1 b-35 tritt hervor als eine summarische Übersicht über die von den einzelnen Stämmen bei der Landnahme besetzten Gebiete mit ausdrücklicher Nennung der Städte innerhalb des betreffenden Gebietes, die der jeweilige Stamm nicht imstande war, von den Kanaanäern zu erobern. Eingesprengt finden sich einige Anekdoten, meistens ätiologischer Art, über Einzelpersonen — in der Tat meistens heroes eponymi von Klanen — während der Landnahme.

Die älteren Literarkritiker, z. B. BUDDE, waren meistens der Auffassung, daß das Kapital aus dem jahwistischen Geschichtswerke stammt; die meisten haben es für das Schlußkapitel dieses Werkes gehalten. Diese Meinung wird noch z. B. von ROST vertreten[17]. Neuere Forscher haben diese Meinung bezweifelt. A. ALT scheint das Kapitel als ein »Dokument« für sich aufzufassen[18]. NOTH spricht von »einem Konglomerat von alten Überlieferungsfragmenten«[19]. ALT findet das eigentliche Wesen und den Zweck des »Dokuments« in der Feststellung der von den einzelnen Stämmen behaupteten, religiös-politischen Rechtsforderungen je ihres fest umschriebenen Gebietes des Landes, unbeachtet der tatsächlichen Besitzergreifung der Städte desselben, und ist geneigt, es in die späteste Richterzeit zu datieren.

Daß derartige »Rechtsforderungen« früh von den einzelnen israelitischen Stämmen erhoben worden seien, ist an sich nicht undenkbar. Weniger — wenn überhaupt — denkbar ist es, daß ein diese Forderungen feststellendes und legitimieren wollendes offizielles Dokument so aussehen würde wie Jdc 1. Das Törichtste, was man dann tun könnte, wäre doch, alle diejenigen Städte aufzuzählen, von denen sie nicht Besitz genommen hatten, und die daher den Tatsachenbeweis für die Nichtigkeit ihrer Ansprüche lieferten. Daß auch damals und auch unter den Israeliten die Begründung einer rechtlichen Besitzbehauptung das realistische »was ich genommen habe, das besitze ich mit Recht« war, darf man wohl aus dem Wortwechsel in Jdc 11 14-27 folgern. Die Antwort auf ein »Dokument« wie Jdc 1 würde sicher lauten: was hier steht, beweist doch sonnenklar, daß ihr kein Anrecht auf die dort genannten Städte und die ihnen zugehörenden Landdistrikte und Dörfer habt!

---

[17] L. ROST, *Die Überlieferung von der Thronnachfolge Davids* [*BWANT III* 6] 1936.

[18] *Palästinajahrbuch* 21 (1925), S. 303; *Sellinfestschrift, Beiträge zur Religionsgeschichte und Archäologie Palästinas,* Leipzig 1927, S. 18f. [= *Kleine Schriften* I, München 1953, S. 193ff.].

[19] *Überlieferungsgeschichtliche Studien* I, S. 9.

Ist überhaupt eine schriftliche Dokumentierung derartiger Rechtsforderungen der Stämme schon in der Richterzeit wahrscheinlich? Zwar hat NOTH in sehr verdienstvoller Weise die Existenz und die Bedeutung einer israelitischen Stämmeamphiktyonie bewiesen[20]; irgendwelche gemeinisraelitische Staatsorgane, die ein Interesse daran, geschweige denn eine Möglichkeit dazu hätten, eine Realitätspolitik für die etwaigen territorialen Forderungen der einzelnen Stämme zu treiben, und die irgendwelchen Nutzen von einem »Dokument« wie Jdc 1 haben könnten, gab es damals nicht[21]. Eventuell existierende »ideale« Territorialforderungen sind gewiß nicht in »Dokumenten« niedergelegt worden, sondern haben in den mündlich überlieferten Ideen und Traditionen des betreffenden Stammes gelebt. Eine ideale Rechtsforderung, und zwar auf das verheißene Land, hat höchstens als ein religiös-geschichtliches »Credo«[22] gelebt, als eine Idee, die mit dem Stammeskult verbunden war, ihren Ausdruck in den Danksagungen und Gebeten des Kultes fand und im Laufe der Zeit als Kristallisationspunkt der gesamten Landnahmetraditionen gewirkt hat. Auf die Frage aber, welchen praktischen Zweck ein »Dokument« wie Jdc 1 gehabt haben sollte, kann keine befriedigende Antwort gegeben werden.

2. Jdc 1 ist als Teil eines Berichtes über geschichtliche Ereignisse gedacht und formuliert

Damit erhebt sich die Frage: was ist eigentlich Jdc 1? Das ist in erster Instanz eine formgeschichtliche und eine gattungsgeschichtliche Frage.

Man hat nicht selten von Jdc 1 als einer »Liste« gesprochen. Auch wenn ALTs Dokumenttheorie richtig wäre, würde man hier von einer Liste sprechen müssen, einer Liste der territorialen Ansprüche der einzelnen Stämme.

Was ist aber eine Liste? Eine Liste ist ein Register, ein prinzipiell nacktes Verzeichnis von Personen, Orten, Gegenständen oder Sachen, das zu einem praktischen, administrativen oder geschäftsmäßigen Zweck aufgesetzt ist. Der Zweck und Inhalt der Liste kann in einer Überschrift angegeben werden.

So in der Liste über die Bevölkerung der Provinz Judäa um das Jahr 400 in Esr 2 2b-67[23]: »Dies ist die Zahl der Männer des Volkes Israel« (Esr 2 2b). »Dies sind die

---

[20] M. NOTH, *Das System der zwölf Stämme Israels* [*BWANT IV 1*] 1930.

[21] Vgl. MOWINCKEL, *Zur Frage nach dokumentarischen Quellen in Jos 13—19* [AVAO, II Kl. 1946. nr 1] Oslo 1947, S. 16ff.

[22] Vgl. VON RAD, *Das formgesch. Problem des Hexateuch* S. 3ff.

[23] Nicht 2 1-70! v. 1-2a ist die neu hinzugefügte Überschrift des Chronisten; in v. 68-70 erzählt Chr. weiter von der ersten Heimkehr. Die Liste ist in Neh 7 von dem nachchronistischen Redaktor, der Chr-Esr mit Nehemia zusammenknüpfte, kopiert

Obersten der Provinz, die (respective) in Jerusalem und in den Städten Judas wohnten«
(Neh 11 3). »Dies sind die Priester und Lewiten« usw. (Neh 12 1). Oder im Josuabuche:
»Dies sind die Könige des Landes, die Josua und die Israeliten schlugen, jenseits des
Jordans« usw. (Jos 12 7). »Die Städte in dem dem edomitischen Gebiet zugewandten
Teil des Stammes der Judäer im Negeb sind: . . .« (Jos 15 21). Usw. Der Zweck der Liste
kann aber auch durch hinzugefügte Angaben zu den einzelnen Namen derselben ange-
geben werden. Ganz selbstverständlich wird in der Bevölkerungsliste nebst der Überschrift nach dem Namen jedes einzelnen Geschlechts die Zahl seiner Männer angegeben.
Sowohl Überschrift wie Angaben über die Leistung des einzelnen samt der Totalsumme
haben wir in der Tempelsteuerliste aus Jeb[24]: »Am 3. des (Monats) Phamenot, im
Jahre 5. Dies sind die Namen des jüdischen Heeres, das Geld gegeben hat für den Gott
Jahu, pro Mann die Summe von 2 Schekel«. Es folgen die Namen: »Meschullemet,
die Tochter des Gamarja bar Mahseja 2 Schekel Silber« usw. Fragmente einer Abrech-
nungsliste für irgendeine Arbeit enthält Pap. Sach 13479[25]; nach jedem Namen ist die
Summe angegeben, die der Betreffende erhalten hat. Unter kleineren und durchsich-
tigen Verhältnissen, wie sie offenbar in der jüdischen Mititärkolonie waren, kann man
natürlich zu ephemeren Zwecken Listen aufsetzen, die die bloßen Namen enthalten;
die angängigen Behörden wußten in jedem Falle, um was es sich handelte. Auch solche
Listen sind unter den Elephantinepapyri vorhanden[26]. Listen dieser Art befinden sich
auch unter den Ugarittexten: Listen über leistungspflichtige Städte und Personen mit
Angabe ihrer Dienste und Leistungspflichten, über Korporationen, über Tiere und
Wagen, über Tempelinventar usw.[27] bis zu Listen über die den verschiedenen Göttern
zukommenden Opfer: »Der Kopf eines kleinen und eines großen Stücks Vieh für den
Gott El; ein Stück Großvieh für die Götter Tukamuna und Shnm: usw.[28]. In allen
diesen Fällen sind Charakter und Stilform der Liste vollkommen klar: die registrierende
Aufzählung der betreffenden Orte, Personen, Leistungen usw.

Von diesem Listencharakter hat Jdc 1 nichts. Hier wird nicht re-
gistriert und aufgezählt; hier wird erzählt. Nicht um Personen, Orte
oder Sachen an sich handelt es sich, sondern um geschichtliche — d. h.
im Sinn des Verfassers geschichtliche — Ereignisse, von denen in erzählender Form, in dem üblichen hebräischen tempus historicum,
Impf. cons., berichtet wird. Diese erzählende Art zeigt sich sofort in
dem ersten berichteten Ereignis v. 5-7[29] über den Zusammenstoß mit
dem König von Jerusalem. Er wird hier Adonibäzäq genannt; es kann

---

worden; ihm ist aber das Unglück passiert, daß er auch die Anfangsverse der Fortsetzung der chronistischen Erzählung hinzunahm. Von einer wirklichen Heimkehrer-
liste kann keine Rede sein.

[24] Papyrus Sachau 13488; s. A. UNGNAD, *Aramäische Papyrus aus Elephantine*,
Leipzig 1911, S. 28ff.

[25] UNGNAD, S. 35ff.

[26] Pap. Sach 13484, 13487, 13486, 13481, 13482; s. UNGNAD S. 38ff.

[27] S. das Register über die Texte bei R. DE LANGHE, *Les Textes de Ras Shamra-
Ugarit et leur Rapport avec le Milieu Biblique de l'Ancient Testament I*, Gembloux-
Paris 1945, S. 137ff.

[28] C. GORDON, *Ugaritic Literature*, Rom 1949, S. 111.

[29] v. 8 ist anerkanntermaßen ein sehr später und ganz unhistorischer Zusatz.

aber keinem Zweifel unterliegen, daß er mit dem in Jos 10 1ff. erwähnten Adoniṣädäq von Jerusalem identisch ist; der letzte Teil seines
Namens ist unter Einfluß des unmittelbar nachfolgenden Ortsnamens
Bäzäq verschrieben — oder vielleicht in der mündlichen Überlieferung
verballhornt worden; Bäzäq jetzt Ibziq n. ö. von Sichem, ist der Ort,
wo der Zusammenstoß sich ereignete. Die Notiz hat an sich das Gepräge einer Anekdote. Dahinter wird sich aber eine geschichtliche Erinnerung gehalten haben; bei der recht bedeutenden Rolle, die der
Stadtstaat von Jerusalem in der Amarnazeit spielte, ist es ganz wahrscheinlich, daß ein jerusalemischer König sich in Operationen gegen die
Einwanderer eingelassen hat, nachdem sich gezeigt hatte, daß sie für
das normale Leben der Städte unangenehm werden könnten. Die Lage
von Bäzäq zeigt, daß Adonibäzäq der Angreifer war; man darf vermuten, daß, nachdem Sichem in ein engeres Verhältnis zu den Einwanderern getreten war, was die Voraussetzung der Geschichte von Gideon und Abimelek ist, der König von Jerusalem die Zeit für gekommen hielt, alte Hoheitsrechte, die er seit den Tagen der Konkurrenz mit
Labaja von Sichem beansprucht hatte, wieder zu behaupten.

Sonst sind die Anekdoten in Jdc 1 meist ätiologischer Art. Zwar
ist der Bericht gewöhnlich recht kurz und summarisch gehalten, insofern kann man sagen, daß aufgezählt wird; geschichtliche Ereignisse
sind es aber, die gleichsam aufgezählt werden. Diese knappe, schematische Form der Aufzählung von geschichtlichen Taten und Ereignissen haben aber auch die vorderasiatischen Königs- und Fürsteninschriften, die wie eine mehr oder weniger episch ausgeschmückte Aufzählung der Taten des Herrschers während seiner Regierung verlaufen[30]. Und wie der Aufzählungsstil der Inschriften nicht selten eine
breitere Ausmalung einzelner Begebenheiten bietet, wie z. B. die
Schilderung von Assurbanaplu's elamitischem Feldzuge, so wird auch
in Jdc 1 die knappe schematische Form von breiter erzählten Anekdoten über einzelne Personen und Begebenheiten unterbrochen. Das
Thema in Jdc 1 sind weder Personen noch Städte oder Gebiete an
sich, sondern geschichtliche — jedenfalls geschichtlich sein wollende —
Ereignisse. Es wird erzählt, wie die dort genannten Gebiete und Städte
israelitisch wurden bzw. noch nicht geworden waren.

Jdc 1 ist auch kein »Konglomerat« (NOTH). Ein Konglomerat ist
eine geologische Bildung, in der Blöcke verschiedenen örtlichen Ursprungs und verschiedener Steinart von einer sedimentären Masse um-
schlossen worden sind. Jdc 1 dagegen ist ein literarisches Gebäude, bei
dem ein Verfasser in einem recht schematischen, die Hauptbegeben-
heiten erzählenden Rahmenbericht auch eine Anzahl anekdotischer,

---

[30] Siehe MOWINCKEL, »Die vorderasiatischen Königs- und Fürsteninschriften«,
Eucharisterion (*FRLANT* 36) I, S. 278ff.

auf jene Begebenheiten sich beziehender Einzelberichte mit einge-
schlossen hat, je an der ihm am geeignetsten scheinenden Stelle. Der
Verfasser hat, wie unten zu zeigen sein wird, nach einem bewußten
Plan gearbeitet.

Jdc 1 ist somit, wie ED. MEYER vor mehr als 80 Jahren erkannt
hat[31], als ein Stück erzählender Geschichte konzipiert und geschrieben
worden. Der Verfasser will hier »Geschichte« erzählen, nicht etwa
(theoretische) Rechtsansprüche registrieren und dokumentieren. Jdc 1
ist aber kein Anfangskapitel, auch kein selbständiges literarisches Produkt. Das Kapitel ist als Fortsetzung von etwas Vorhergehendem gedacht und geformt; es fängt daher mit dem erzählenden Impf. cons.
wăjjomœr (s. sofort unten) an. Es ist ein Bruchstück aus einem ausführlicheren Ganzen.

3. Der Inhalt und die Stoffe

Um welche geschichtlichen Ereignisse handelt es sich nun? — Es
ist längst allgemein erkannt und zugegeben, daß der erste Satz v. 1a
»Und es geschah nach dem Tode Josuas« nicht zum ursprünglichen
Text gehört, sondern von demjenigen hinzugefügt worden ist, der das
Stück in den jetzigen Zusammenhang stellte, als Einleitung zu der
Richtergeschichte. Dieser Redaktor ist nicht identisch mit dem Ver-
fasser des deuteron. Geschichtswerkes; dieser — oder schon sein
Vorgänger — (s. unten II 1, 2) — hat, wie wir gesehen haben, das
Stück gekannt und es für seine Landnahmeerzählung exzerpiert.

Die Voraussetzung in Jdc 1 selbst ist, daß sich Israels Stämme an
einer Stelle befinden, von wo aus sie planen, gegen die Kanaanäer
»hinaufzuziehen« und sich in den Besitz des kanaanäischen Berglandes
zu setzen. Das heißt, sie können sich nach der Voraussetzung des Verfassers nur in der Jordanniederung befinden. Das heißt, daß wir uns
in Jdc 1 vor dem Anfang der eigentlichen Landnahme befinden, somit, um aus den Vorstellungen der späteren israelitischen Geschichts-
erzähler zu sprechen, vor dem Tode Josuas. Damit ist gegeben, daß
v. 1a sekundär und redaktionell und das Stück in seinem jetzigen Zusammenhang fehlplaziert worden ist. Das kann man gut begreifen.
Vor der deuteronomistischen Geschichtslegende in Jos 1—11 konnte
man es nicht gebrauchen. Dazu widersprach das Bild von dem ge-
trennten Auftreten der Stämme zu sehr der deuteronomistischen Geschichtslegende. Daß irgendein Redaktor selber ein so schwer unter-
zubringendes »Konglomerat« gemacht haben sollte, ist kaum denkbar. Das Kapitel war ihm als Stück einer älteren Geschichte gegeben,
und so mußte er es wohl oder übel benutzen. So hat er sich entschlossen, es auf Ereignisse nach dem Tode Josuas zu beziehen. Als Ort des

---

[31] »Kritik der Berichte über die Eroberung Palästinas«, *ZAW* 1 (1881), s. S. 135.

Gespräches in v. 1b-3 hat er sich Sichem gedacht, wo er soeben in Jos 24 die Stämme Israels versammelt gefunden hatte. Von Sichem konnte er sowohl die Judäer nach dem Gebirge Juda als die Josefsöhne nach dem samaritanischen Gebirge »hinaufziehen« lassen.

Im ursprünglichen Kontext muß Jdc 1 an etwas Vorhergehendes angeschlossen haben, in dem erzählt wurde, wie die Israeliten zu dem in v. 1 vorausgesetzten Schauplatz gekommen waren. Das heißt, daß jedenfalls vom Übergang über den Jordan erzählt worden sein muß und vielleicht auch von der Eroberung Jerichos. In diesem Falle würde Jdc 1 sachlich-zeitlich an die in Jos 2 teilweise erhaltenen älteren Erzählungen (s. oben S. 13f.) angeschlossen haben.

Jdc 1 ist somit, was schon WELLHAUSEN gesehen[32] und ED. MEYER näher begründet[33] hat, ein — allerdings unvollständig erhaltener (s. unten) — Bericht über die israelitische Landnahme, eine sachliche Parallele zu der Eroberungslegende von Jos 2—11. In diesem Landnahmebericht wird Josua nicht erwähnt. Wenn die älteren Bestandteile in Jos 2 zu derselben Quelle wie Jdc 1 gehört haben, so wird sich in dieser Quelle die Rolle Josuas bei der eigentlichen Landnahme auf die Führung beim Übergang über den Jordan beschränkt haben.

Jdc 1 erzählt nun, daß die eigentliche Landnahme damit anfing, daß die Israeliten (nach dem Übergang über den Jordan) durch das Jahweorakel fragten, welcher Stamm den Krieg gegen die Kanaanäer eröffnen sollte. Nach Jahwes Antwort zog Juda als erster hinauf, begleitet von »seinem Bruder« Simeon. In dieser erzählenden Form wird nun fortgesetzt in v. 4 und in v. 5ff., der Anekdote von Adoniṣädäq von Jerusalem (s. oben S. 19f.). Nach einer Notiz über die Fortsetzung des Eroberungszuges gegen die im Gebirge, in der Schefela und im Negeb wohnenden Kanaanäer v. 9 folgt eine Notiz über die Eroberung der judäischen Städte Hebron und Debir v. 10f. Danach die Anekdote über Kaleb und Otni'el und die Quellen in Gullot v. 11-15 und eine Notiz über die Keniter in der Judawüste v. 16; der Nachtrag in v. 20 verrät, daß Hebron nicht judäisch, sondern kalibbitisch war. Eine volksetymologische Erklärung des Namens der simeonitischen Stadt Horma gibt ihm zu einer Notiz über die Eroberung derselben Anlaß (über v. 18 s. unten S. 25). Daß Juda nur das Gebirge, nicht aber das Tiefland zu erobern vermochte, wird mit einer Bemerkung in v. 19 über die eisernen Wagen der Kanaanäer begründet. Der Bericht über die judäischen Eroberungen wird mit einer Notiz v. 21, daß auch die Jebusiter in Jerusalem »mitten unter den Benjamiten bis auf diesen Tag wohnen blieben«, abgeschlossen. — In derselben kurzen Weise wird von Josefs Eroberungen im Gebirge Samaria erzählt; der ganze Bericht besteht eigentlich nur aus einer Anekdote über den Verrat, der Bet'el den Israeliten in die Hände spielte v. 22-26, und einer Mitteilung über die Städte, die die Manassiten damals nicht zu erobern vermochten v. 27-28, wie auch Efraim Gezer nicht nehmen konnte v. 29. Im Folgenden hören wir von der Landnahme der Nordstämme Zebulon, Ascher und Naftali v. 30-33; es wird

---

[32] *Composition des Hexateuchs*[3], S. 116 Anm. 1. — Die Vorliebe der späteren Forscher für allerlei »Listen« hat die Sachlage nur verwirrt.

[33] S. oben S. 21.

einfach vorausgesetzt, daß sie sich dort niederließen, wo sie »bis auf diesen Tag«
wohnen; nur die nichteroberten Städte werden ausdrücklich erwähnt. Zum Schluß
hören wir, daß die Amoriter die Daniten im Gebirge Efraim hart bedrängten und jede
Ausbreitung in der Schefela verhinderten, bis endlich auch die Amoriter unter die
Herrschaft des Hauses Josef kamen v. 34-36.

Daß die eingestreuten Anekdoten — und das gilt auch von den
sonst im Josuabuche befindlichen, oben erwähnten — ursprünglich
jede für sich selbständig existiert haben und erst später in Verbindung
mit der Landnahme Gesamtisraels und in die Übersicht über dieselbe
in Jdc 1 gesetzt worden sind, hat schon ALT behauptet[34], und das ist
selbstverständlich richtig. Das bedeutet aber nicht, daß sie erst später
in Jdc 1 hineingeschoben worden sind. Der Verfasser von Jdc 1 hat sie
gekannt — ja eigentlich sind sie das einzig Konkrete, was er von der
»Landnahme« im weitesten Sinne gewußt hat —, und daß er selber sie
in seine Übersicht aufgenommen hat, kann man sowohl aus v. 11 ff. und
v. 22 ff. ersehen: v. 11 ist nur die Einleitung zu etwas Folgendem und
kann nie allein gestanden haben; der Sinn des Verses ist eben, die folgenden Anekdoten über Kaleb und Otni'el in v. 12-15 einzuführen.
Noch klarer ist dies in v. 22 ff.; v. 22 allein für sich kann nie den ganzen
Bericht über die Eroberung von Bet'el gebildet haben; v. 22 erhält erst
durch v. 23-26 einen konkreten Inhalt. Jdc 1 ist eben eine kurze erzählende Übersicht über die Landnahme, recht schematisch und for-
melhaft aufgebaut, besonders im letzten Teil v. 30 ff. Daß man hier von
einer eigentlichen Eroberung des Landes nicht reden kann, ist klar.
Das hat aber der Verfasser nach Kräften verhüllt. Er stellt sich nun
einmal vor, daß das vereinigte Großisrael zum Angriff auf Kanaan
geschritten war. Von einer entsprechenden Kriegsführung hat er aber
fast keine Überlieferungen zur Verfügung gehabt, abgesehen von den
an sich undatierten Anekdoten; dazu eine recht abgeblaßte Erinnerung
von einer Eroberung von Bet'el und einem Kampf mit Adoniṣädäq
von Jerusalem. Datiert war letztere nicht; da der Verfasser aber mit
Juda anfangen wollte und davon ausging, daß ein Streit mit Jerusalem die Sache der Judäer gewesen sein mußte, so hat er diese Anekdote an die Spitze gestellt. In der Tat muß es sich hier um ein etwas
späteres Ereignis als die erste Invasion der Israeliten handeln. Unda-
tiert war auch die Anekdote über die Eroberung von Bet'el; von Josua
ist hier keine Rede, nur von den Josefsöhnen. Das alles bedeutet aber
für J weniger. Er hat keine Geschichte der Landnahme geschrieben, weil er dazu keine Materialien hatte. Er hat es
daher vorgezogen, eine Übersicht über die Resultate der
Landnahme zu schreiben, jedoch, wie wir gesehen haben, in
erzählender Form.

---

[34] *Palästinajahrbuch* 21 (1925), S. 103, Anm. 4; *Sellinfestschrift*, S. 18 Anm. 1.

Scheinbar bewegen sich nun die Ereignisse in Jdc 1 in der geographischen Richtung von Süden nach Norden: die Südstämme v. 1-21, die mittelpalästinischen Stämme v. 22-29, die Nordstämme v. 30-35. J hat aber, wie wir gesehen haben, auch von einem Übergang über den Jordan und selbstverständlich auch von Jericho erzählt. Von da aus sind sie in das Gebirge Efraim eingedrungen; so muß er es sich vorgestellt haben, einerlei ob er das ausdrücklich gesagt hat oder nicht. In Jdc 1 1 stehen die Israeliten in Mittelpalästina. Hier teilen sich ihre Wege: Juda zieht gegen Süden, die Josefsöhne gehen an die Besitznahme von Mittelpalästina, die Nordstämme ziehen nach Norden. Das ist die Situation, die in Jdc 1 vorausgesetzt ist und von deren weiterem Verlauf dort in der Form einer geographischen Übersicht berichtet wird.

4. Der Bericht nicht vollständig erhalten

Der Bericht ist aber nicht vollständig erhalten. Von den zwölf Stämmen fehlt selbstverständlich Levi, dem im AT überhaupt kein Landbesitz zugeschrieben wird, die Zwölfzahl wird eben dadurch erreicht worden sein, daß Manasse und Efraim als je ein Stamm gerechnet worden sind (v. 27. 29). Benjamin wird nur nebenbei genannt in Verbindung mit den Jebusitern in Jerusalem. Das ist kaum Zufall; das Stück entstammt einer Zeit, in der Benjamin bedeutungslos geworden war und sich im Wesentlichen mit der königlichen Domäne Jerusalem deckte. Nicht erwähnt im überlieferten Text sind Ruben, Gad und Issakar.

Nun finden sich, wie oben (S. 16) erwähnt, mehrere Teile von Jdc 1 an verschiedenen Stellen des Josuabuches wieder. v. 11-15 = Jos 15 13-19; v. 21 = Jos 15 63; v. 27-28 = Jos 17 11-13; v. 29 = Jos 16 10; v. 34-35 = Jos 19 47. Es kann gar keinem Zweifel unterliegen, daß der Verfasser des Josuabuches (darunter verstehe ich das Buch vor der Einarbeitung der P-Stücke)[35] diese Landnahmeanekdoten aus Jdc 1, oder genauer: aus der Quelle, zu der Jdc 1 damals noch gehörte, genommen hat. Der Verfasser hat den älteren Landnahmebericht gekannt und benutzt.

Daraus läßt sich mit der größtmöglichen Wahrscheinlichkeit, wenn nicht mit Sicherheit folgern, daß auch die literarisch und sachlich ganz analoge Notiz Jos 17 14-18 derselben Quelle entstammt.

Auch in diesen Stücken ist nichts über Ruben und Gad zu finden. Warum? Das erklärt sich sehr einfach, wenn unsere Arbeitshypothese, daß Jdc 1 aus J stammt, Stich hält. Dann hat nämlich der Verfasser schon in Num 32 39ff. von der Landnahme dieser Stämme erzählt. — Ich denke, daß dies eine recht starke Stütze von J als Verfasser von Jdc 1 ist.

---

[35] S. mein *Zur Frage nach dokumentarischen Quellen*, S. 5f., 26.

Warum ist aber Issakar nicht erwähnt? Darüber kann man nur Vermutungen aufstellen. Auch der späte Verfasser (P) der Grenzbeschreibungen in Jos 13—19 hat nur sehr ungefähre Kunde von den Grenzen Issakars gehabt[36]. Issakar (das Land der Lohnarbeiter) ist in älterer Zeit offenbar ein Gebiet mit recht fließenden Grenzen gewesen. Die wirklichen Städte dort rechnet der Verfasser von Jos 19 17-22 (P) als manassitische, was sicher den tatsächlichen Verhältnissen entsprochen haben wird. Wo Issakar wohnte, hat, wie gesagt, der Verfasser von Jdc 1 (J) als seinen Lesern bekannt vorausgesetzt. Von eroberten oder nicht eroberten Städten in seinem Gebiete war nichts zu sagen: die bedeutenden dortigen Städte hatte er ja schon bei Manasse (v. 27f.) erwähnt.

Andererseits hat das in Jdc 1 aufgenommene Stück des Berichts von späteren Redaktoren ein paar redaktionelle Erweiterungen erhalten. Zusatz ist offenbar v. 8: die Behauptung, daß die Judäer Jerusalem eroberten und verbrannten; eine solche Geschichtslüge, die allen anderen Nachrichten und Anschauungen im AT widerstreitet, ist dem Verfasser nicht zuzutrauen; die Notiz steht zudem in Widerspruch mit v. 21! — Zusatz ist sicher auch, und zwar aus denselben Gründen, v. 18 über eine judäische Eroberung von Gaza, Aschqalon und Eqron; daß diese Philisterstädte nie in dem Besitz der Judäer gewesen waren, hat der Verfasser von Jdc 1 ohne Zweifel gewußt; daß Juda sie bei der Landnahme erobert hätte, widerstreitet eklatant der Bemerkung des Verfassers in v. 19, daß Juda nur das Gebirge, nicht aber das Tiefland (ha'emæq) zu erobern vermochte. — Stilistisch trägt v. 18 deutlich das Gepräge der P-Redaktoren.

Neben diesen sehr späten und ganz ungeschichtlichen Zusätzen gibt Jdc 1 zu einer Quellenscheidung keine Veranlassung. Zwar hat EISSFELDT auch Jdc 1 auf die Quellen L und J verteilen wollen[37]. Erstens ist aber seine »Laienquelle« eine sehr fragwürdige Größe[38]. Und zweitens gibt es keine sicheren Kriterien, nach denen eine »listenartige« Zusammenstellung von überlieferten Einzelanekdoten und Ätiologien in den Rahmen einer Übersicht über gewonnene bzw. nicht gewonnene Resultate in »Quellen« geschieden werden könnte. Die einzige Unterscheidung, die hier vorgenommen werden kann, ist die zwischen den übernommenen Stoffen und den Ansichten des Verfassers; d. h. sie liegt auf dem traditionsgeschichtlichen, nicht auf dem literargeschichtlichen Gebiete. Weder stilistisch noch gattungsmäßig gibt es irgendwelche Unterschiede zwischen den von EISSFELDT dem L und den dem J zugewiesenen Stücken des Kapitels.

5. Die Disposition

Daß Jdc 1 keine »Liste« oder kein »Dokument« irgendwelcher Art, sondern ein Stück einer Geschichte der Landnahme ist, wird auch durch die Disposition des Berichtes bestätigt. Er ist nicht chronologisch geordnet, abgesehen von der Vorstellung, daß Juda der erste Stamm war, der aus dem gemeinsamen Lager aufbrach und »hinauf-

---

[36] MOWINCKEL, *op. cit.* S. 28ff.
[37] *Hexateuchsynopse* S. 82f.
[38] Vgl. oben S. 2 Anm. 8.

zog«, um die Besetzung des Landes zu beginnen. Das hat nichts mit einer wirklichen Chronologie zu tun, sondern ist rein politisch begründet; Juda ist für den Verfasser (J) der Königsstamm, ihm gebührt die Ehre der Eröffnung des Feldzuges. Einen chronologisch geordneten Bericht über die Landnahme konnte er nicht geben einfach aus dem Grunde, weil er nichts davon wußte. Von einer Chronologie einer langsamen Infiltration mit Bundesschließungen mit dort schon ansässigen »Hebräern« und mit der Entstehung neuer Stämme gab es aus guten Gründen nichts in der Tradition, und es konnte auch nichts aufkommen, weil die Vorstellung von einer gleichzeitigen Einwanderung sämtlicher Stämme das verbot. Der Bericht ist geographisch geordnet. Aber nicht so, wie wir es von einer »Liste« oder einem offiziellen oder halboffiziellen »Dokument« erwarten sollten: in konsequenter Reihenfolge Nord-Süd oder umgekehrt. Der Bericht setzt mit Bäzäq im Gebirge Efraim, somit mitten im Lande, ein — eben dort, wohin man ganz natürlich zuerst gelangt, wenn man von der Jordanniederung »hinaufzieht«; von dort wendet sich der Bericht gegen Süden und erzählt von der judäischen und simeonitischen Eroberung von Südpalästina. Dann wendet er sich nach Mittelpalästina zurück und erzählt in geographischer Reihenfolge vom Süden nach Norden von der Landnahme der einzelnen Stämme, mit dem Haus Josef, Manasse und Efraim im Gebirge Efraim anfangend und mit Dan im äußersten Norden endend. Der Bericht stammt somit frühestens aus einer Zeit nach der Auswanderung Dans nach Norden (Jdc 17).

Dies bedeutet nun erstens, daß die Disposition des Berichtes nach der vom Verfasser vorausgesetzten »geschichtlichen« Situation bewußt geordnet ist: die Israeliten haben soeben den Jordan überschritten, (Jericho genommen) und fangen nun die »Eroberung« des Landes an mit dem Ausgangspunkt in der Jordanniederung und dem südlichen Teil des Gebirges Efraim als erstem Angriffspunkt.

Auch das beweist, daß der Bericht dazu verfaßt ist, ein »geschichtlicher« Bericht von der Landnahme zu sein.

Geschichte im Sinne von irgendwie zusammenhängenden, chronologisch geordneten Begebenheiten ist das jedoch nicht. Die Reihenfolge vom Süden nach Norden bedeutet nicht, daß die Geschichte sich in dieser Richtung bewegte. Die Geschichte bewegt sich hier eigentlich nicht; die Übersicht des Verfassers über die gewonnenen, bzw. nicht gewonnenen Resultate bewegt sich in die genannte Richtung. Das konnte bei einem etwas oberflächlichen Leser, aber auch bei einem »forschenden« Midraschisten den Eindruck wecken, daß das Land vom Süden aus bis zur Nordgrenze erobert worden war. Wie wir sehen werden, ist der Bericht des J tatsächlich von späteren Sagaschreibern in dieser Weise aufgefaßt worden.

6. Keine Geschichtsdarstellung, sondern eine Übersicht über die gewonnenen bzw. nicht gewonnenen Resultate

Von der Landnahme will Jdc 1 berichten, eine Geschichte derselben gibt aber der Bericht nicht. Was will denn der Verfasser geben? Geschichtserzählung im eigentlichen Sinne dieses Wortes haben wir hier nicht, das ergibt sich schon aus der Ordnung des Berichts. Von der wirklichen Geschichte der Landnahme als einer Reihe von mehr oder weniger zusammenhängenden Begebenheiten und ihrem zeitlichen Verhältnis zueinander hat der Verfasser offenbar keine Kunde gehabt. Er ist ebensowenig wie wir imstande gewesen, eine Geschichte der Landnahme zu schreiben; von der Eroberungslegende in Jos 2—11 hat er keine Ahnung — begreiflicherweise, da sie damals noch nicht existierte —, und eine wirkliche Tradition über eine gemeinsame Eroberung hat es ebensowenig gegeben. Die Überlieferungen und Daten, die ihm zur Verfügung standen, waren 1. einige Anekdoten, meistens lokalätiologischer Art, in denen eponyme Klanväter wie Kaleb und Otni'el eine Rolle spielten und die wohl schon früher in Verbindung mit der Einwanderung gesetzt worden waren; 2. Kenntnis davon, in welchen Landschaften die einzelnen Stämme tatsächlich wohnten und daher nach allgemeiner Ansicht seit der Einwanderung gewohnt hatten; darunter auch Kenntnis von der gezwungenen Auswanderung Dans nach Norden; 3. Kenntnis von den Städten und Gebieten, die im Besitze der Kanaanäer geblieben waren und erst relativ spät, »als Israel stark wurde«, in seinen Besitz gekommen waren; 4. endlich eine Tradition davon, daß es die eisernen Kriegswagen der Kanaanäer waren, die die Eroberung erschwert hatten (v. 19).

Das sind, abgesehen von den Anekdoten, reale geschichtliche Facta, zwar nicht von Ereignissen, wohl aber von Zuständen. Es verhält sich somit nicht so, wie ALT meint, daß Jdc 1 »eine Theorie von dem Territorialbesitz, der rechtlich den einzelnen Stämmen zukäme«, voraussetzt oder enthält. Jdc 1 ist eine politisch-geographische Übersicht über die territorialen Besitzungen der einzelnen Stämme in dem Lande, das Gott seinem Volk versprochen und gegeben hatte —ein religiöser Gedanke, der allerdings hier nicht ausgesprochen wird—, mit Nennung derjenigen Enklaven, die erst neulich dem betreffenden Stamme unterlegt worden waren.

Nicht eine Geschichte der Landnahme gibt unser Verfasser (J), sondern eine Art historisch-politischer Übersicht über die Ergebnisse der Landnahme, eingeleitet von einer anekdotischen Erzählung von der Eröffnung der Inbesitznahme, und im Folgenden nach diesem Schema erzählt: »Manasse (dessen Land dem Leser als bekannt vorausgesetzt wird) vertrieb nicht die Einwohner von Betsche'an ... usw. Als aber die Israeliten erstarkten, zwangen sie die (dortigen) Kanaanäer zu Fronarbeit«. Diese Übersicht hat er in geographischer Reihenfolge Süd-Nord gegeben, jedoch mit dem Bruch der Reihenfolge, daß er in Mittelpalästina anfangen mußte, weil seine Voraussetzung von der Position der Israeliten vor dem Anfang der Eroberung ihn dazu nötigte. Eben dadurch hat seine Übersicht über die Resultate ein gewisses Gepräge von einem geschichtlichen Bericht erhalten: er fing dort an, wo die Begebenheiten tatsächlich ihren Anfang genommen hatten.

Man mißversteht aber den Verfasser, wenn man ihm bzw. dem hypothetischen L, in dem EISSFELDT den eigentlichen Verfasser von Jdc 1 findet[39], die Absicht zuschreibt, sozusagen eine »Nichteroberungsgeschichte« zu schreiben. EISSFELDT will auch in Jos 24 Stücke seines L finden[40] und meint nun, daß zwischen Jos 24 und Jdc 1 ein literarischer Zusammenhang besteht, der eben erklärt, warum jedenfalls bei den späteren Verfassern J usw. noch eine ausführlichere Eroberungsgeschichte hinter Jdc 1 folgen konnte. Josua habe nach L keine Eroberung des Westjordanlandes durchgeführt, sondern kurz vor seinem Tode (in Gilgal) den Stämmen ihren Anteil zugewiesen, um nun nach seinem Tode hinaufzuziehen und ihn in Besitz zu nehmen. Jdc 1 habe dann erzählen wollen, wie wenig das den Stämmen gelungen sei. Das habe dem Volke ein rügendes Erscheinen des Engels Gottes in Bokim (Jos 2 1) eingebracht; die Strafrede des Engels sei allerdings nur in späterer Bearbeitung 2 1 b-5 a erhalten. Damit soll nun erklärt werden, wieso eine wirkliche Eroberung notwendig wurde[41].

Es mag richtig sein, daß der deuteronomistische Sagaschreiber einen derartigen Zusammenhang zwischen Jdc 1 und den Kalamitäten der Richterzeit gefunden haben kann; diese wären eine Folge der schlechten Ausführung der befohlenen Eroberung des Landes gewesen. Die Ausschälung einer Quellenschicht L in Jos 24 ist aber ebensowenig wie sonst gelungen, wie überhaupt eine Quellenscheidung dieses Kapitels unwahrscheinlich ist. Zwar finden sich auch hier einige spätere Erweiterungen; theologisch ist das Kapitel einheitlich protodeuteronomistisch-deuteronomistisch; von einer Betrachtung, die die Dinge mit den Augen eines den Namen Laienquelle verdienenden Verfassers sieht, findet sich in Jos 24 keine Spur, wenn auch eine ältere vordeuteronomistische Sage hinter dem Kapitel zu erkennen ist[42]. — Die Hauptsache ist aber, daß Jdc 1 die Landnahme nicht von einem kritisch-negativen, sondern von einem positiven Gesichtspunkt aus betrachtet. Der Verfasser will wirklich mitteilen, in wie weitem Umfange es damals den Stämmen möglich wurde, das Land zu besetzen. Er ist aber noch von der späteren legendarischen Auffassung einer vollständigen, schmerzlosen Eroberung frei. Er weiß, daß es viele kanaanäische Städte gab, die erst von David und Salomo in das Reich einverleibt wurden, und er macht keinen Versuch, diese Tatsache zu leugnen oder sie irgendwie theologisch auszunutzen; er hat ganz richtig den Grund in der militärischen Überlegenheit der kanaanäischen Kriegswagen erkannt.

Daß der Verfasser in seinem Landnahmebericht vorzugsweise Städte nennt, die nicht erobert wurden, hat erstens seinen Grund darin, daß er nur über einige wenige eroberte Städte überlieferte Kunde

---

[39] *Hexateuchsynopse*, S. 82 f.
[40] *Hexateuchsynopse*, S. 79 ff.
[41] *Op. cit.* S. 89.
[42] Über Jos 24 s. unten S. 47 f.

(Sagen) hatte: Bet'el[43], Hebron, Debir und Horma. Zweitens ist es ganz einfach praktisch-erzählungstechnisch begründet; es war kürzer, die Ausnahmen zu nennen, als alle die Städte aufzuzählen, deren Besitznahme weiter zurücklag und die nach der Ansicht der Verfassers schon im ersten Anlauf genommen wurden. Was der Verfasser meint, ist: die ganzen Gebiete wurden erobert, nur mit den genannten Ausnahmen. Daß die Israeliten einen religiösen »Rechtsanspruch« auf jene Städte hatten, entspricht sicherlich auch der Meinung des Verfassers; er sagt es aber nirgends, und darauf kommt es ihm hier auch gar nicht an; das war ihm eben eine Selbstverständlichkeit, von der er hier nichts zu sagen brauchte.

Ferner hängt seine Erzählungsweise damit zusammen, daß er so herzlich wenig Konkretes über die Landnahme gewußt hat; da boten ihm eben nur die sagenhaften und ätiologischen Anekdoten konkreten Stoff. — Endlich freut es ihn auch positiv, jene damals nicht eroberten Städte zu nennen, eben weil sie jetzt, »als Israel stark geworden ist«, unter seine Herrschaft gekommen sind. Das sind Ereignisse, die eben für seine eigene Zeit Bedeutung haben und an sein Nationalgefühl appellieren. Damals waren wir nicht stark genug, jetzt sind wir es aber geworden!

Sachlich ist also Jdc 1 eine Parallele zu der legendarischen Eroberungsgeschichte in Jos 2—11, der älteste Bericht von der Landnahme, den wir überhaupt besitzen.

7. Die Zeit des Berichts

Aus welcher Zeit stammt unser Bericht? Daß es »aus dem Wortlaute hervorgehen« sollte, »daß die Zeit der Staatsbildung (das soll wohl heißen: die Gründung des Davidreiches) die unterste Zeitgrenze« sei, ist eine willkürliche Behauptung ALTs[44], die mit seiner Mißdeutung des Berichts zusammenhängt.

Genauer will ALT Jdc 1 in eine Zeit vor der Reichsgründung datieren, als »die Auflösung des Hauses Joseph in Ephraim und Manasse, das Zurücksinken Simeons in den äußersten Süden, die Verhinderung Dans am Seßhaftwerden in der Gegend zwischen Ajalon und Beth-Semes, die Beugung Issachars unter die Herren der Stadtstaaten an der Ebene von Megiddo« dazu geführt hatten, daß das israelitische Stämmesystem auf die 7 westjordanischen Stämme beschränkt worden war und eine Festlegung der Grenzen zu einer unmittelbaren Notwendigkeit gemacht hatte.

Von einer Freiheitsberaubung Issakars von seiten der Herrscher der Megiddoebene steht in Jdc 1 nichts. Das ist auch eine Formulierung, die den geschichtlichen Tatsachen nicht entspricht. Ein Stamm, der den Namen »Lohnarbeiter« erhalten und geduldet hat, hat ursprünglich keine Freiheit gehabt, die er verlieren könnte; der Stamm hat sich aus den fronpflichtigen Einwanderern — wohl von Manasse her — im

---

[43] S. oben S. 23.
[44] *Sellinfestschrift*, S. 18f.

Laufe der Zeit konsolidiert und ist dadurch ein erst nach der Landnahme entstandener israelitischer Stamm geworden.

Ferner ist einzuwenden, daß die von ALT behauptete Einschränkung des »Stämmesystems« auf sieben nur dadurch zustande gekommen ist, daß er unbegründeterweise von dem Zusammenhang von Jdc 1 mit Num 32 39ff. und den oben behandelten Anekdoten und Notizen im Josuabuche absieht bzw. ihn leugnet.

Und endlich begreift man gar nicht, trotz ALT's »versteht sich von selbst«, welchen Nutzen die Israeliten von einer einseitigen und rein theoretischen Grenzziehung zwischen Israelitisch und Kanaanäisch und einem diesbezüglichen »Dokument«, hinter dem keine rechtliche und politische Garanten ständen, haben könnten. Nun ist aber Jdc 1 kein solches »Dokument«, und damit verliert ALT's Datierung die Grundlage.

Selbstverständlich setzt der Bericht in Jdc 1 gewisse politische Zustände voraus, von denen her der Verfasser auf die Vergangenheit zurückschaut — das tut jede Geschichtsschreibung. Daraus aber, daß der Verfasser hier Israel als 12 selbständige Stämme auftreten läßt, kann man nicht folgern, daß der Bericht in einer Zeit geschrieben worden ist, wo Israel aus solchen Stämmen bestand. Der Verfasser will eben von der alten Zeit erzählen, wo das der Fall war, und das kann er um so leichter tun, als die alten Stammesgebiete noch in der administrativen Einteilung der Königszeit zum großen Teile fortgelebt haben, wie ALT selbst gezeigt hat[45]. Zu den geschichtlich-politischen Voraussetzungen des Verfassers gehört eben auch die Theorie, daß Israel vom Anfang an aus solchen Stämmen bestanden habe, und daß die Zahl schon damals 12 war. Eben aus dieser Voraussetzung heraus läßt der Verfasser die einzelnen Stämme, jeden für sich, die Landnahme vornehmen. Das ist auch geschichtlich richtig, freilich nicht so, wie er es sich vorgestellt hat. Daß die Landnahme—wie ALT selbst später erkannt hat[46] — weit mehr eine langsame Infiltration gewesen ist, daß neue Stämme in Kanaan entstanden sind, z. B. Issakar, davon hat der Verfasser keine Kunde mehr; daß Israel zur Zeit der Einwanderung aus Stämmen bestanden hat, die meistens überhaupt jeder für sich operieren, hat er gewußt, und dementsprechend beschreibt er die »Eroberung«. Auch wenn er etwa nach Salomo gelebt hatte, könnte er sich mit seinen Kenntnissen und aus seinen Voraussetzungen heraus die Landnahme nicht anders vorstellen und sie nicht anders berichten, als er es in Jdc 1 getan hat.

Auch aus der Aufteilung Josefs in Efraim und Manasse ist nichts für die Ansetzung der Zeit zu gewinnen. Die ist im Laufe der Ausbreitung der Eingewanderten und im Laufe der Zeit ganz natürlich und von selbst eingetreten; daß sie irgendwie als bedauerlich empfunden

---

[45] »Israels Gaue unter Salomo«, *Alttestam. Studien Rud. Kittel z. 60. Geburtstag dargebracht [Kittelfestschrift = BWANT* 13], 1913, S. 1ff. [= *Kleine Schriften* II, S. 76ff.].

[46] »Erwägungen über die Landnahme der Israeliten in Palästina«, *Palästinajahrbuch* 35 (1939), S. 8ff. [= *Kleine Schriften* I, München 1955, S. 126ff.].

worden sei, ist mit keiner Silbe in Jdc 1 angedeutet. Sie war schon früh in der Richterzeit eine Tatsache, die in den Richtererzählungen überall vorausgesetzt ist, und lebte sowohl in der Administration als im Sprachgebrauch, solange ein israelitisches Reich bestand; s. z. B. I Reg 11 26 Jes 9 20 Ps 80 2.

Die Zeit des Landnahmeberichts in Jdc muß nach den Andeutungen bestimmt werden, die der Verfasser zu seiner eigenen Zeit gemacht hat, die ihm sozusagen mit unterlaufen sind.

In der Tat ist die Zeit vor David ausgeschlossen.

Der Verfasser setzt das »System der zwölf Stämme« voraus (s. oben S. 24). Das ist aber eine künstliche Bildung, die erst unter David aufgekommen ist, denn erst er hat Juda mit Israel verbunden; das Deboralied setzt noch eine Amphiktyonie von 10 Stämmen voraus.

In diesem System sind nicht nur Lewi, sondern auch Simeon künstliche Archaismen. Die letzte Erinnerung von einem »weltlichen« Stamm Lewi liegt in dem Spruch in Gen 49 5—7 vor. Simeon war schon damals ganz in Juda aufgegangen. Auch der Verfasser von Jdc 1 weiß in der Tat nicht mehr von ihm zu berichten, als daß er ein Anhängsel an Juda ist. Er hat eine Kunde davon, daß Simeoniten noch in Horma und dem Negeb leben; das ist alles. Auch Benjamin ist in Jdc 1 zu einem Teil der Einwohnerschaft in Jerusalem und Umland reduziert; er vertritt im Bewußtsein des Verfassers den israelitischen Volksteil der königlichen Domäne. Bezeichnenderweise sind in dem Doublett zu v. 21 in Jos 15 63 die Benjaminiten mit den Judäern ausgetauscht worden.

Zur Zeit des Verfassers leben noch Jebusiter in Jerusalem. Die Verschmelzung der disparaten Bevölkerungselemente hat natürlich ihre Zeit gefordert. Noch in Sach 9 7 lebt die Erinnerung an die Jebusiter.

Der Verfasser kennt auch die Einverleibung von Gezer in das israelitische Reich, v. 16. Diese hat erst unter Salomo stattgefunden (I Reg 9 15-17). Dieses Ereignis liegt aber schon so lange vor der Zeit unseres Verfassers, daß er ganz vergessen hat, daß die Stadt als Mitgift der ägyptischen Königstochter in die Hände Salomos kam, nicht als eine direkte Folge davon, daß »Israel erstarkte«.

Daß der Verfasser mit diesem etwas verhüllendem Ausdruck nicht etwa ein allmähliches Kräftigerwerden, sondern die Errichtung des israelitischen Königreiches meint, kann m. A. n. nicht zweifelhaft sein. Es ist zu beachten, daß er jedesmal den »großisraelitischen« Terminus »Israel« gebraucht, auch wenn er von der Einverleibung einer Stadt in einen bestimmten Stamm redet. So z. B. v. 28 bei der Nennung der Städte, die »Manasse« nicht zu erobern vermochte; als aber »Israel« erstarkte, machten sie die dort wohnsässigen Kanaanäer fronpflichtig.

Auch dieser letzte Ausdruck ist zu beachten. Die einzelnen Stämme der Richterzeit haben gewiß nicht die Einwohner derjenigen Städte, die unter ihre Herrschaft kamen, »fronpflichtig gemacht«. Die Rolle der Stammeshäuptlinge im Verhältnis zu den Bürgern der mit ihnen verbündeten kanaanäischen Städte hat gewiß in der »Beschützung« und der damit verbundenen Ausbeutung bestanden. Öffentliche Arbeiten, zu denen Frondienst notwendig war, haben die Stämme gewiß nicht betrieben. Den Frondienst hat erst Salomo mit seiner Umorganisation des Reiches eingeführt.

Jdc 1 ist somit später als Salomo geschrieben worden. Wieviel später, kann man aus diesem einzelnen Kapitel nicht ersehen.

8. Gehört zu dem Geschichtswerke des Jahwisten

Wir sind im Laufe unserer Untersuchung zu der — an sich gar nicht neuen, vielmehr schon von ED. MEYER begründeten[47] und nach ihm von den meisten älteren Literarkritikern verteidigten — Arbeitshypothese gekommen, daß die Geschichtsquelle, aus der Jdc 1 nebst anderen damit verwandten Notizen im Josuabuche stammt und das »Kapitel« über die Landnahme bildete, eben das alte Geschichtswerk des Jahwisten war. Wir haben oben nirgends von dieser Hypothese aus argumentiert, sind aber des öfteren auf Indizien gestoßen, die diese Hypothese zu stützen scheinen. Soviel ist jedenfalls sicher, daß sich nichts in Jdc 1 findet, was jener Hypothese widerspräche. Wir glauben auch gezeigt zu haben, daß alle die neueren Angriffe auf die alte literarkritische Hypothese gescheitert sind. Und wenn die Meinung zu Recht besteht, die auch von den Angreifern der Hypothese meines Wissens geteilt wird, daß Num 32 39-42 auf die alte vordeuteronomistische Israelgeschichte zurückgeht, so scheint mir die Hypothese, daß wir in Jdc 1 den Bericht dieser Quelle von der Landnahme noch vor uns haben, bewiesen zu sein.

Wenn das richtig ist, so haben wir es mit dem originalen J, dem Jahwista invariatus, nicht mit den späteren Erweiterungen, die sich unter der Sigle »E« der älteren Literarkritiker verbergen, zu tun. Denn diese Erweiterungen sind ideologisch so oft auf dem Wege zu der deuteronomistischen Geschichtsauffassung und Theologie, daß die recht altertümliche und der wirklichen Geschichte doch viel näher stehende Auffassung der Dinge in Jdc 1 nicht zu ihnen gerechnet werden kann.

9. Setzt einen früheren Bericht über die Eroberung des Ostjordanlandes voraus

Der in Jdc 1 (etwas unvollständig) überlieferte Bericht befaßt sich lediglich mit dem Westjordanland. Das hat, wenn er dem Jahwisten zuzuschreiben ist, seinen guten Grund. Denn über die Besetzung des Ostjordanlandes hatte, wie wir gesehen haben, J schon in Num 32 berichtet. Die Voraussetzung für Form und Inhalt von Jdc 1 ist, daß

---

[47] *ZAW* 1 (s. oben Anm. 31), S. 133 ff.

über die Oststämme schon das Nötige gesagt ist. Auch J fußt auf der
»großisraelitischen« Idee, daß das vereinigte Gesamtisrael auf dem
Wege nach Kanaan Teile des Ostjordanlandes besetzt hatte, wo sich
dann die Stämme Ruben und Gad und ein Teil von Manasse niederließen. Das ist insofern richtig, als Ruben und Gad nichts mit der israelitischen Landnahme im Westjordanlande zu tun gehabt haben.

Eine andere Frage ist es, ob diese, J's Auffassung, vom Verlauf der
Dinge richtig ist. Das ist sie kaum. Vieles spricht dafür, daß die Oststämme Ruben und Gad ursprünglich nicht zu den eigentlichen Israel-
stämmen gehört haben, sondern daß sie mit den älteren »hebräischen«
Stämmen zusammengehörten, die schon vor Israel in Kanaan saßen —
diesen älteren Stämmen, die von den Patriarchentraditionen vertreten
werden, und mit denen die eingewanderten Israeliten zusammen-
schmolzen. Gad und Ruben sind »Jakobsöhne«, nicht »Israelsöhne«
gewesen[48]. Anders steht es mit den aus dem Westjordanlande zurück-
gewanderten manassitischen Klanen Makir usw.

II. DIE EROBERUNGSGESCHICHTE
DES DEUTERONOMISTISCHEN GESCHICHTSWERKES

1. Jos 2—11 baut auf einer nur redaktionell überarbeiteten älteren Quelle auf

Die Eroberungsgeschichte der deuteronomistischen Saga haben
wir anerkanntermaßen in Jos 1—11. Daß dieser Abschnitt, so wie er
jetzt vorliegt, vielleicht abgesehen von kleineren späteren Retuschierungen und Glossen, durch die Hand des deuteronomistischen Sagaschreibers gegangen ist, ist einleuchtend. Er hat ihn als ein Kapitel seiner
Geschichte Israels konzipiert. Der Abschnitt ist von typisch deuteronomistischen Stücken umrahmt, Jos 1 und Jos 21 43—22 6 und 23 1-16
(Noth), und hat auch Jos 24 enthalten (s. unten S. 47f.). Er ist mit
vielen deuteronomistischen Wendungen gespickt: Jos 3 2-3. 4 b. 7-8
13 a 4 12-14. 24 5 1. 4-7 6 6. 8 a. 9. 12-13. 15 b. 23 b 7 1 8 1 b. 2 a. b 9 1-2. 24. 27 b
10 8 11 14-15 u. a. St. Die theologische Betrachtung, die die Stücke zu-
sammenhält, die Auffassung von der Geschichte als abhängig von dem
Verhältnis des Volkes zum Gesetz Jahwes, das alles ist typisch deuteronomistisch[1].

---

[48] Auf diese Frage kann ich hier nicht näher eingehen. Einige Andeutungen habe
ich in meinem »Rahelstämme« und »Leastämme« in der Eißfeldtfestschrift *Von Ugarit
nach Qumran*, Berlin 1958, S. 129ff. gegeben.

[1] Siehe Noth, *Überlieferungsgeschichtliche Studien* I, S. 41ff.; *Das Buch Josua*.
Im großen ganzen dürfte Noth hier das Richtige getroffen haben.

Während nun die ältere Literarkritik seit BUDDE[2] auch hier die bekannten Pentateuchquellen J und »E« fand und in dem zusammenredigierten JE jene ältere Quelle des Sagaschreibers sah, hat NOTH dies geleugnet. Nach ihm hat ein älterer »Sammler« die ätiologischen Sagen in Kap. 2—9, die teilweise in schriftlicher Gestalt vorgelegen haben mögen, und die beiden »Heldenerzählungen« in Kap. 10 und 11 1-9 zu einem einigermaßen zusammenhängenden Überlieferungskomplex gesammelt, der dem deuteron. Verfasser vorgelegen hat und den Kern seiner Landnahmegeschichte gebildet hat. Diese Sammlung meint er etwa um 900 v. Chr. ansetzen zu müssen[3].

Zu der Datierung ist zu sagen, daß die dafür angegebenen Gründe m. A. n. höchstens die Angabe eines terminus post quem rechtfertigen. — Ferner müssen von dem angenommenen Komplex jedenfalls die aus J stammenden Stücke subtrahiert werden. Diese sind, wie wir oben gesehen haben, von ganz anderer Art. Zwar finden sich auch darunter ätiologische Sagen; diese sind aber als Elemente der Übersicht über die Resultate der Landnahme von J benutzt worden und gehören nicht zu einer Eroberungsgeschichte, die Jos 1—12 offenbar sein will.

Dagegen hat NOTH offenbar recht, wenn er — prinzipiell in Übereinstimmung mit der älteren Quellenkritik — zu dem Ergebnis kommt, daß der Deuteronomist eine ältere und zwar schriftliche Quelle benutzt hat. Die Spuren der deuteronomistischen Bearbeitung sind in vielen kleineren und z. T. größeren Zusätzen klar zu erkennen[4]. Man kann in dem einen oder dem anderen Falle anderer Meinung als NOTH sein, das ist aber in diesem Zusammenhang belanglos.

Andererseits ist es ebenso klar, daß die typischen phraseologischen und ideologischen Wendungen des Deuteronomisten verhältnismäßig selten sind und meistens nicht die Substanz der mitgeteilten Erzählungen angegriffen haben. Die schnelle und totale Eroberung des Landes, von göttlichen Wundern begleitet, und die fast totale Abschlachtung der verfluchten Eingeborenen sagten dem Deuteronomisten viel zu sehr zu, als daß er hier irgend etwas Wesentliches zu ändern oder zu »verbessern« hätte.

Es ist wohl auch nicht ausgeschlossen, daß es der Deuteronomist selber ist, der die aus J stammenden Stücke in seine Eroberungsgeschichte hineingearbeitet hat. Er hat gegebenenfalls die alte Übersicht des J gekannt und benutzt; s. jedoch unten II 2.

---

[2] K. BUDDE, *Die Bücher Richter und Samuel*, 1890.
[3] *Das Buch Josua*, S. IX ff.
[4] *Das Buch Josua*, S. XIII ff. und oben Anm. 1.

2. Die dort gesammelten Stoffe sind wesentlich ätiologische Lokalsagen. Übersicht über dieselben

Welcher Art sind nun die Stoffe, aus denen die Eroberungsgeschichte der vordeuteronomistischen Quelle ihre Geschichte zusammengestellt hat?

Auch hier sind NOTH und der gegenwärtige Verfasser prinzipiell derselben Auffassung[5]. Es handelt sich vor allem um ursprünglich selbständige, für sich existierende ätiologische Lokalsagen die miteinander nur das gemeinsam haben, daß sie auf jene fernen Tage, als Gesamtisrael unter Josuas Führung die kanaanäischen Könige besiegte, ihre Städte eroberte und das ganze Land unter Israel brachte, bezogen worden sind. An sich haben diese Sagen weder mit Josua noch mit der Landnahme zu tun; das ist nur eine sekundäre Leitidee, unter die sie gestellt worden sind.

Ich gebe nunmehr eine kurze Übersicht über die Resultate der ätiologischen Deutung der Stoffe in Jos 2—11, zu denen NOTH und andere Forscher gekommen und die in allem wesentlichen mit meiner eigenen, längst erworbenen Auffassung übereinstimmt; im übrigen verweise ich auf den Exkurs über das Wesen des Aitions (unten S. 78ff.).

Über Jos 2, die Rahabsage, ist schon oben (S. 13f.) gesprochen worden. Sie ist wesenhaft mit einer Überlieferung über die Eroberung von Jericho verbunden und hat einmal 6 25 als Abschluß gehabt.

Oben wurde die Möglichkeit erwähnt, daß diese Version der Eroberung Jerichos aus J stamme. Wenn das der Fall sein sollte, so ist das ein Indizium mehr dafür, daß es nicht erst der deuteronomistische Verfasser des Geschichtswerkes, sondern NOTHS »Sammler« ist, der die aus J (Jdc 1) stammenden Anekdoten in seine vordeuteronomistische Eroberungsgeschichte aufgenommen hat.

Jos 3 1—5 1, die Überfahrt über den Jordan, ist recht stark vom Deuteronomisten überarbeitet und mit retuschierenden und theologischen Zusätzen erweitert worden[6].

Zwei Motive sind hier miteinander verbunden: die 12 Steine, die im Jordanbett aufgestellt seien, und der Steinkreis bei Gilgal. Letzteres ist offenbar das ältere, ein wirkliches Ortsnamenaition. Die zwölf (unsichtbaren) Gedenksteine sind ein späteres Legendenmotiv, das mehr von Erfindungsgabe als von ätiologischer Phantasie zeugt. Mit diesen Motiven verbunden steht eine Erzählung von der Überfahrt, die weiter nichts ist als eine der poetischen Flavour beraubte Kopie der Exodussage vom Schilfseewunder, nach dem Muster einer geistlichen Prozession stilisiert. Der ältere Teil dieses Komplexes ist selbstverständlich das Steinkreisaition. Eine Überlieferung der Tatsache, daß die Israeliten einmal den Jordan überschritten hatten, hat es natürlich immer gegeben; daß das Aition schon früh in Verbindung damit gesetzt worden ist, ist leicht zu verstehen.

---

[5] Ich verweise auf meine kurze Erklärung in der Übersetzung und Bearbeitung des Buches Josua in *GTMMM* II 1935.

[6] Im großen ganzen kann man hier NOTHS Analyse akzeptieren.

3*

Die Sage von der Beschneidung nach dem Übergang, Jos 5 2-9, mit der Erklärung des Ortsnamens »Hügel der Vorhäute«, ist ein Aition, das in sich selbst nichts mit der Landnahme zu tun hat.

Der Name hängt wahrscheinlich mit einem alten rituellen Brauch zusammen; dort wurde einmal von der lokalen Gemeinde die Beschneidung vorgenommen. Daß der Ritus alt ist, geht aus dem Gebrauch der Steinmesser hervor, wie die Erzählung auch vorauszusetzen scheint, daß die Beschneidung nicht an den Neugeborenen vorgenommen wurde; vgl. Ex 4 24-26.

Jos 5 10-12 ist in der vorliegenden Form höchstens eine »desintegrierte« Sage, die jetzt nur eine Notiz im Anschluß an die Überlieferungen über die Wüstenwanderung bildet, und zwar in der relativ späten Form derselben, die am deutlichsten bei P hervortritt: während aller dieser 40 Jahre hatten die Israeliten von »Manna« gelebt. Die Notiz mag aber eine verblaßte Erinnerung von einer älteren Kultsage, die von der Feier des Päsach bei der Kultstätte bei Gilgal handelte, enthalten.

Hier ist auch die Vorstellung des Verfassers zu nennen, daß Josua und die vereinigten Israeliten während der 7 Jahre der Eroberung ihr befestigtes Lager bei Gilgal hatten (5 9 9 6 10 6. 7. 9. 43).

Eine wirkliche Kunde über geschichtliche Ereignisse bei der Landnahme liegt hier nicht vor, da die ungeschichtliche Vorstellung von einer kriegerischen Eroberung von seiten »Großisraels« zugrunde liegt, eine Vorstellung, die den wirklichen Erinnerungen, wie sie hinter Jdc 1 liegen, absolut widerspricht. Dennoch enthält auch diese Lagertheorie eine Erinnerung an etwas Tatsächliches, nämlich daß Gilgal einmal ein gemeinsames Kultzentrum mehrerer Stämme gewesen ist. Spuren von einer solchen »Amphiktyonie« finden sich auch sonst[7]; Gilgal spielt eine große Rolle in der Saulsaga[8]; hinter Saul steht aber Benjamin, und daß Benjamin einmal ein größeres Gebiet bewohnt und alte Verbindungen mit dem Ostjordanlande gehabt hat, geht aus dem Bericht vom Königreich des Ischba'al hervor[9].

Es besteht ein innerer, d. h. ein kultgeschichtlicher Zusammenhang zwischen der Vorstellung vom Feldlager in Gilgal und den beiden anderen Gilgaltraditionen 5 1-9 und 5 10-12.

Jos 5 13-15 ist jetzt nur ein Fragment. Es gehört aber deutlich genug zum Typus der Kultstätten-Stiftungssagen und will die Heiligkeit und den Namen des Ortes erklären.

Den Namen des Ortes wissen wir nicht, da die Pointe der Sage jetzt fehlt. Die Plazierung in der Eroberungsgeschichte spricht dafür, daß die Stätte irgendwo in der Nähe von Jericho und Gilgal zu suchen ist[10]. Daß auch dieses Aition später mit der Landnahme in Verbindung gesetzt wurde, ist wohl verständlich.

---

[7] Siehe MÖHLENBRINK in ZAW 56, S. 238ff. passim.

[8] I Sam 11 14 13 4. 7b-15 15 12ff.

[9] Auch MÖHLENBRINK nimmt eine »Dreistämme-Amphiktyonie« Benjamin — Ruben — Gad an, op. cit.

[10] SELLIN (Gilgal 1917, S. 38) und MÖHLENBRINK (op. cit. S. 264) denken an Schilo; das scheint mir sehr unwahrscheinlich zu sein.

Die Erzählung von der Eroberung Jerichos Jos 6 ist, wie sie jetzt vorliegt, auch abgesehen von deuteronomistischen Zusätzen, eine priesterlich gefärbte, erbaulich sein sollende Legende. Sie stellt den mirakulösen Fall der Stadt als das Resultat einer siebenmal wiederholten religiösen Prozession rund um die Stadt herum dar, wobei die Mauern von der magischen Kraft der Lade und der priesterlichen Posaunen umgestürzt werden.

Das Muster dieser Prozession ist eine Festprozession der in Ps 48 erwähnten Art; die Prozession bewegt sich mit den heiligen wunderwirkenden Geräten um die Stadt herum, um dadurch ihren Mauern und Türmen Kraft zuzuführen; diesmal, wo es sich um eine feindliche Stadt handelt, ist das Resultat vernichtend[11]. Der geschichtliche Kern ist nur die Tatsache, daß Jericho einmal erobert worden ist. Jeder Versuch, diese Eroberung mit der Einwanderung der Israeliten in Verbindung zu bringen, z. B. durch ein mauerumstürzendes Erdbeben (GARSTANG), ist bis jetzt mißlungen[11a]. Die Eroberung des spätbronzezeitlichen Jericho muß allem Anschein nach vor der Zeit der israelitischen Einwanderung angesetzt werden. Wahrscheinlich handelt es sich um eine ältere benjaminitische Eroberung. Die Benjaminiten müssen ziemlich sicher mit den Benê-Jamina der Maritexte in Verbindung gesetzt werden; sie gehören dann zu den »Patriarchenhebräern«, die schon vor der Einwanderung Israels in Palästina festen Fuß gefaßt hatten[12].

Wie es sich mit der angeblichen Eroberung von Haʿai Jos 8 eigentlich verhält, ist längst klargelegt. Der Ort war schon vor der israelitischen Einwanderung ein Ruinenhügel, ein *tell*, was auch der Name bedeuten wird. Die Ausgrabungen haben gezeigt, daß es dort zwischen dem Ende des 3. Jahrtausends und dem 12. Jahrhundert v. Chr. keine bewohnte Stadt gab[13]; die letzte Eroberung hat viele Jahrhunderte vor der israelitischen Einwanderung stattgefunden. Die ganze Erzählung ist eine ätiologische Sage, die die Existenz und den Namen des »Ruinenhügels« erklären will.

ALBRIGHTS Vermutung[14], daß es sich eigentlich um eine Überlieferung von der israelitischen Eroberung Bet'els handle, die später auf Haʿai übertragen worden sei, ist eben nur eine lose Vermutung, für die keine Andeutung eines Beweises erbracht werden kann. Trotz der nahen Verbindung zwischen Bet'el und Haʿai und der fast alternierenden Bewohnung beider, findet sich in der Haʿaisage keine Spur, die darauf deuten könnte, daß es sich eigentlich um Bet'el handle. Auch DUSSAUDS Hypothese, daß Bet-'awæn der Name der Stadt unter dem »Ruinenhügel« sei[15], kann die Bet'el-

---

[11] Vgl. *GTMMM* II S. 19.

[11a] S. die Zusammenfassung der Resultate der Ausgrabungen bei Miss KATHLEEN KENYON, *Archaeology in the Holy Land*, London 1960, S. 313 f.

[12] Auf diese Frage kann hier natürlich nicht näher eingegangen werden.

[13] Siehe GALLING in *Biblisches Reallexikon* Sp. 6; ALBRIGHT in *BASOR* 56 (Decbr. 1934), S. 11.

[14] *loc. cit.* S. 9 f., 11 f. ALBRIGHT beruft sich auch auf eine ähnliche Vermutung von A. ALT.

[15] In *RHR* 118 (1937), S. 125 ff. So auch ALBRIGHT in *BASOR* 74, S. 16 f.

Hypothese nicht retten. Bet-'awæn ist kaum identisch mit Bet'el, wie allgemein angenommen; in Jos 7₂ wird zwischen diesen Städten unterschieden, und das wird das Richtige sein[16]. ALBRIGHT hat auch die Behauptung aufgestellt, daß die Ha'ai-Sage »reflects a much older Canaanite tradition with regard to the fall of the Early Bronze city«[17]. Auch das ist unhaltbar. Eine wirkliche geschichtliche Erinnerung kann sich nicht 1000 Jahre hindurch halten[18], besonders dann nicht, wenn ein Wechsel der Bevölkerung dazwischen liegt[19]. Einen Vorschlag zur Veranlassung und Datierung der Entstehung der Sage in einer hypothetischen Eroberung des späteren israelitischen Dorfes daselbst hat NOTH gegeben. Abgesehen von dem ganz Hypothetischen dieser Eroberung ist der Vorschlag m. E. ganz unnötig; für den ätiologischen Trieb ist die Existenz des »Ruinenhügels« Veranlassung genug: der großen Stadt, die einmal hier stand, hat unser Josua an der Spitze der Heerscharen Israels den Garaus gemacht!

Auch der Achan- (richtiger: Achar-)Legende Jos 7 liegt eine ätiologische Lokalsage zugrunde: der große Steinhaufen im Achortale (7 ₂₅f.). In der vorliegenden Gestalt ist sie eine priesterliche Legende, die das alte hæræm-Gesetz einschärfen will: alles »gebannte« Gut fällt dem von den Priestern verwalteten Heiligtum anheim!

In Jos 9, von der List der Gibeoniten, ist der tatsächliche Kern nicht irgendein historisches Ereignis bei der Landnahme, sondern der historische Zustand, daß Gibeon und die benachbarten Städte nicht von den Israeliten erobert worden waren, sondern in einem speziellen Bundesverhältnis zu diesen standen, das den Städten besondere Pflichten dem Heiligtum gegenüber auferlegte.

Der Deuteronomist denkt natürlich an den Tempel in Jerusalem; ursprünglich war höchstwahrscheinlich an »die große Bama in Gibeon« (I Reg 3₄ff.) gedacht. Die Pflicht der Leistungen von Holz und Wasser ist höchstwahrscheinlich, wenn nicht sicher, älter als die Landnahme, wie das Heiligtum selbst; sie ist aber ohne Zweifel bestehen geblieben, auch nachdem Saul die genannten Städte unter die Herrschaft Israels gebracht hatte. — Daß gewisse Städte bei der Einwanderung nicht erobert wurden, war der älteren Zeit, wie auch dem Jahwisten kein Problem, das einer besonderen Erklärung bedurft hätte: das war eben so, weil die Israeliten gegen die eisernen Kriegswagen der Eingeborenen nicht standhalten konnten (Jdc 1₁₉)[20].

---

[16] Die Identifizierung beruht auf der Annahme, daß Bet-'awæn »Zauberhaus« bedeute und eine bewußte Verdrehung von Bet'el »Gotteshaus« sei. Die wirkliche Bedeutung von Bet-'awæn, urspr. Bet'aun = Bet'ôn, ist »Krafthaus«, wie ALBRIGHT richtig gesehen hat (BASOR 74, S. 16f.); s. GTMM II Anm. Jos 18₁₂c und vgl. meine Psalmenstudien I, 1921.

[17] BASOR 74 (Apr. 1939), S. 17.

[18] Siehe K. LIESTÖL, Norske Ættesogor, Oslo 1922; vgl. mein Prophecy and Tradition, S. 30f.

[19] Auf dieses letztere Moment ist auch ALBRIGHT aufmerksam geworden.

[20] MÖHLENBRINKs Analyse von Jos 9 mit Scheidung in zwei verschiedene Traditionen ist weder bewiesen noch glücklich. Richtig dürfte aber sein, daß die Überlieferung hier ursprünglich nicht von »Josua«, sondern von »den Israeliten« sprach.

Jos 10 und 11 1-9 will Noth zur Gattung der »Heldensage« rechnen[21]. Darin kann ich ihm nicht beistimmen. Zur wirklichen Heldensage gehören vor allem persönliche Großtaten des Helden. Davon findet sich in den genannten Sagen nichts. Der Kern der Sage in Jos 10 ist, wie Noth selbst gezeigt hat, die ätiologische Sage von der Höhle und von dem großen Steinhaufen bei Makkeda, wo fünf kanaanäische Könige verscharrt liegen sollen. Um das zu erklären, muß natürlich eine Schlacht vorausgegangen sein, in der sie entweder gefallen oder gefangen worden waren; die Sage sagt, eben weil es sich um eine Höhle handelte, daß die Könige dorthin geflohen waren und dort übermannt und verscharrt wurden. Was sich sonst von Epischem in der Erzählung von der Schlacht findet, stammt, wie der Erzähler selbst angibt, aus dem alten Liederbuch »Buch der Braven«. Das hat zur Folge gehabt, daß die Schlacht keine eigentliche Schlacht ist; die Entscheidung fällt nicht etwa durch irgendwelche Heldentaten des Führers, sondern durch Gottes Eingreifen in den Lauf der Natur: »große Steine vom Himmel« und das Stillstehen von Sonne und Mond. Die Sage ist eigentlich der Legende zuzurechnen. Hinter diesen »großen Steinen vom Himmel« mögen wirkliche Steinblöcke liegen, die sich in auffälliger Lage auf dem Aufstieg von Bet-horon befänden, und von denen eine ätiologische Sage erzählt haben wird, daß die Israeliten sie über die fliehenden Kanaanäer herabgerollt hätten. — Wenn nun die Zuhörer fragten, welche die Städte jener Könige waren, so gab der Erzähler, wie Noth gesehen hat, die einzig vernünftige Antwort, die sich aus der ganzen Situation — die Zuhörer bei irgend welcher festlichen Gelegenheit in der Nähe der Höhle versammelt, dem Erzähler lauschend — ergab: das waren eben die fünf Städte, die ihr von hier aus sehen könnt, worauf er mit seinem Stabe auf die besagten Städte zeigte. Das ist weder Heldensage noch Geschichtserzählung[22]; es ist aitiologische Sage, die dazu durch das Medium der dichterischen, episch-lyrischen Behandlung im »Buch der Braven«[23] gegangen ist.

Ein Zeugnis von der bewußten Arbeit des »Sammlers« ist es, wenn die Sage eine Einleitung erhalten hat, die sie mit der vorhergehenden Gibeonitersage verknüpft. Auch das hat nichts mit Geschichte zu tun. Dasselbe gilt von der ganz schematisch gehaltenen Liste über die damals eroberten Städte in v. 28ff. Daß diese Liste einen wirklichen »Feldzugsrapport«, dessen »ursprünglicher Text« mittels irgendwelcher literarkritischer Operationen herausgeschält werden könnte, enthält, wie Elliger meint[24],

---

[21] *Das Buch Josua*, S. XI.

[22] Über diese Gattung s. H. Gressmann, *Die Schriften des AT im Ausw.* II 1[2], 1921, Register s. v. »Gattungen«.

[23] Über Art und Inhalt dieses Buches s. S. Mowinckel, »Hat es ein israelitisches Nationalepos gegeben?« *ZAW* 53 (1935), S. 130—152.

[24] K. Elliger, »Josua in Judäa«, *PJB* 1934, S. 47ff. Möhlenbrink (*op. cit.* S. 264f.) schließt sich E. an. Keiner von ihnen will aber einen Zusammenhang zwischen diesem Feldzuge und der eigentlichen Landnahme aufrechterhalten.

ist m. A. n. so unwahrscheinlich wie nur möglich; diese Vermutung beruht auf einer unerlaubten Modernisierung der kulturellen Verhältnisse der Landnahme- und Richterzeit. Die detaillierte Wiederholung des schon Gesagten in v. 28ff. ist in dem Gebrauch der Sage durch den Sammler begründet; darüber unten.

Warum NOTH Jos 11 1-9 von v. 10ff. scheidet, ist mir nicht ganz einleuchtend. Zur Gattung der Heldensage gehört 11 1-9 ebensowenig wie v. 10ff. und Kap. 10. Von Josua wird nicht mehr erzählt, als was von jedem siegreichen Heerführer bei einer derartigen Gelegenheit erzählt werden mußte: daß er das Aufgebot ganz Israels mobilisierte und danach die Kanaanäer »so gründlich schlug, daß von ihnen nicht einmal Flüchtlinge übrig blieben«, und daß er »die Rosse lähmte und die Kriegswagen verbrannte« — was noch zu Davids Zeit zum normalen Kriegsbrauch gehörte. Das konnte von jedem israelitischen Führer, der einen Sieg über die Eingeborenen gewonnen hatte, erzählt werden. Ob hier der Führer Josua geheißen oder irgendeinen anderen Namen hatte, ist sachlich gleichgültig; von einer Heldensage, die sozusagen »organisch« mit dem Namen Josua verbunden wäre, kann man hier nicht reden. Was hier vorliegt, ist was u. a. GRESSMANN eine Geschichtserzählung[25] genannt hat, eine völkische und mehr oder weniger übertreibende Erinnerung an ein wirkliches, geschichtliches Ereignis. Diese Erzählung wird in v. 10ff. fortgesetzt, wo nur von den weiteren Konsequenzen des Sieges erzählt wird.

Wenn man von aller Verallgemeinerung und Übertreibung absieht, so wird hier von zwei konkreten geschichtlichen Daten erzählt, die auch den Kern der ganzen Geschichte ausmachen: eine Schlacht bei der Quelle von Merom = Meron 7—8 km WNW. von Safed, in der die Israeliten eine kanaanäische Koalition unter der Leitung des Königs Jabin von Hasor besiegten, und die Eroberung und Verbrennung von Hasor, die jedenfalls in unserer Erzählung als eine vielleicht etwas später eingetroffene Folge des Sieges bei der Meromquelle betrachtet wird. Sowohl der Sieg über Jabin als auch die Eroberung von Hasor sind in anderen Überlieferungen des AT bezeugt und können daher als geschichtliche Tatsachen betrachtet werden.

Von ersterem berichtet auch die Überlieferung in Jdc 4, wo der Sieg über Jabin allerdings mit dem im Deboralied verherrlichten Sieg über Sisera Jdc 5 kombiniert wird; das ist kaum richtig, da der Sieg über Sisera in der Nähe des Qischonflusses erfochten wurde, während in Jos 11 von der Meromquelle die Rede ist. Die zweite Tatsache ist die Eroberung von Hasor, die in der aus der jahwistischen Übersicht über die Resultate der Landnahme, die etwas unvollständig in Jdc 1 vorliegt, stammenden Notiz Jos 11 13[26] bestätigt wird. In Jdc 4 24 steht allerdings nicht, daß Hasor damals erobert wurde, sondern nur, daß die Hand der Israeliten immer schwerer über Jabin, dem Könige von Kanaan lag, bis sie ihn (schließlich) vernichtet hatten. Das deutet

---

[25] Siehe Anm. 22.
[26] Siehe oben S. 14f.

darauf, daß sie Hasor nicht unmittelbar nach dem Siege bei der Meromquelle nahmen, sondern daß einige Zeit inzwischen verstrichen war.

Wenn es nun nach Jdc 4 feststeht, daß der Streit zwischen Jabin und den Israeliten in die Richterzeit gehört, so bestätigt das, daß in Jos 11 Taten dem Josua zugeschrieben werden, die erheblich später fallen. Wenn ein geschichtlicher Zusammenhang zwischen Jdc 4 und 5 — trotz der Ungenauigkeit in der Kombination der beiden bei dem Verfasser des Richterbuches (s. oben) — bestehen sollte, so könnte man vermuten, daß die Führung bei der Eroberung von Hasor bei einem nordisraelitischen Häuptling lag, was an sich sehr wahrscheinlich ist. Yadins Datierung der Eroberung zur Zeit Josuas[27], die auf seiner von Fachgenossen nicht unwidersprochenen[28] Datierung der dort gefundenen Mycenian II B-Sachen beruht, kann somit nicht aufrecht erhalten werden.

Zur Geschichte der eigentlichen Landnahme bieten somit diese Stoffe absolut nichts. Was sie über die älteste Quelle in Jdc 1 hinaus[29] an Erinnerungen an wirkliche geschichtliche Ereignisse enthalten, gehört alles in eine spätere Zeit.

3. Das daraus gewonnene Bild der Eroberung

Was hat nun die Quelle des deuteronomistischen Geschichtswerkes aus diesen Stoffen gemacht? Sie hat eine Geschichte der Eroberung Kanaans — nicht einer Einwanderung nach Kanaan — schreiben wollen.

Daß der Verfasser der Quelle (Noths »Sammler«) mit der Überfahrt über den Jordan anzufangen hatte, ist klar. Die Spähergeschichte (Rahabsage) war aber in der Überlieferung vor den Übergang über den Jordan gesetzt. So mußte er diese voranstellen. Dann folgte der Übergang. Die ganz sekundäre Art dieser Legende macht es übrigens nicht unwahrscheinlich, daß der Verfasser (der »Sammler«) selber dieses Produkt geschaffen hat. Daß die Eroberung von dem gesamten »Großisrael« ausgeführt wurde, war ihm selbstverständlich; diese Vorstellung geht schließlich auf die »großisraelitische« Idee des Davidreiches zurück. Hier ist er nur der Anschauung seines Vorgängers J gefolgt.

---

[27] S. Y. Yadin, »Excavation at Hazor«, 1958, *Israel Exploration Journal* 9 (1959), S. 74d f.; vgl. »Some Aspects of the Material Culture of Northern Israel during the Canaanite and Israelite Periods in the Light of Excavations at Hazor«, *Antiquity and Survival* 2 (1957), S. 165 ff.

[28] Z. B. von A. Furumark, *The Chronology of Mycenian Pottery*, Stockholm 1941; F. H. Stubbings, *Mycenian Pottery from the Levant*, Cambridge 1951.

[29] Siehe unten S. 43.

Eine Eroberung setzt ein Hauptquartier voraus. Das boten ihm die Gilgaltraditionen. Von seinem befestigten Lager in Gilgal aus hat Josua im Laufe von 5 Jahren ganz Kanaan erobert.

Die erste große Stadt auf kanaanäischem Boden war Jericho, das nach den ihm zur Verfügung stehenden Traditionen von »Israeliten« erobert worden war. Hier hatte er zwei Überlieferungen zur Verfügung: die ältere, höchstwahrscheinlich jahwistische, deren Einleitung aus der Rahabsage bestand, und die jüngere hochlegendarische, von der posaunenblasenden Prozession. Von ersterer hat er nur die Rahabsage und die auf diese bezogene Notiz in 6 25 behalten und ist sonst der späten Legende gefolgt. Die ganze Komposition Kap. 2 und Kap. 6 mit dem Zwischenstück Kap. 3—5 deutet darauf, daß sie von dem bewußt arbeitenden »Sammler« vorgenommen, nicht etwa ein Werk der mündlichen Tradition ist.

Nach der Eroberung von Jericho zieht das Heer ins Gebirge Efraim hinauf, erobert Ha'ai und besetzt ganz Mittelpalästina (Kap. 8) mit der Ausnahme von Gibeon und den benachbarten Städten, die durch List einen Bund mit Israel erlangen, dafür aber zu gewissen kultischen Leistungen verpflichtet werden (Kap. 9).

Durch das Schicksal Mittelpalästinas und den »Verrat« der Gibeoniten beunruhigt, versammeln sich nun die südpalästinischen Könige unter der Leitung von Adoniṣādāq von Jerusalem und rücken gegen Gibeon vor (Kap. 10). Dieser Adoniṣādāq ist offenbar derselbe wie der jerusalemische König Adonibāzāq in Jdc 1 5-7 (s. oben S. 19f.). In Jos 10 spielt nun dieser Adoniṣādāq absolut keine Rolle, und Jerusalem wird nicht unter den im Folgenden aufgezählten (eroberten) Städten erwähnt. Er hat überhaupt hier nichts zu tun. Es kann keinem Zweifel unterliegen, daß der Verfasser (»Sammler«) ihn von dem hinter Jdc 1 liegenden J-Bericht hat; er konnte ihn hier gebrauchen, weil er auch hier, wie in Kap. 11, einen Leiter der feindlichen Koalition haben möchte; dann war es ihm selbstverständlich, daß diese Rolle dem König von Jerusalem zufallen mußte. Von den Gibeoniten herbeigerufen, kommt nun Josua mit seinem Heer; es kommt zur Schlacht, die Kanaanäer werden geschlagen und bis Azeqa und Makkeda verfolgt, die 5 Könige gefangen und hingerichtet und ganz Südpalästina, dessen wichtigste Städte aufgezählt werden, erobert, die Städte verbrannt und die Bevölkerung liquidiert. Daß es dem Verfasser hier wichtig war, die Schlacht in der vollständigen Eroberung Südpalästinas resultieren zu lassen, sieht man daraus, daß er bei der Aufzählung der eroberten Städte nicht nur die 5 eingangsweise erwähnten nennt, sondern dazu auch Maqqeda und Libna.

Nun versammelten sich die nordpalästinischen Könige unter Führung von Jabin von Hasor, »der Stadt, die damals das Haupt aller dieser Königreiche war« (Kap. 11). Bei der Meromquelle fällt die Entscheidung: Jabin wird geschlagen, Hasor erobert und verbrannt; auch alle die anderen nordpalästinischen Städte werden genommen und »gebannt«. Hier hat der Verfasser (»Sammler«) die aus J stammende Notiz 11 13 eingeschoben: »alle die Städte, die (je) auf ihren Hügeln standen, verbrannte Israel nicht, nur Hasor verbrannten sie«. Der ursprüngliche Sinn dieser Notiz war ohne Zweifel, daß die anderen Städte nicht genommen wurden; der Verfasser hat sie so verstanden, daß sie zwar genommen wurden, daß man aber bei ihrer »Bannung« die Verbrennung nicht vollzog, nur alles Gut »bannte« und die Bevölkerung tötete, damit die Israeliten in den Städten wohnen könnten.

Um zusammenzufassen: ganz Palästina wird in drei Hauptschlachten erobert: zunächst Mittelpalästina, dann Südpalästina und zuletzt Nordpalästina.

Woher hat der Verfasser dieses Schema? In den übernommenen Traditionen (Stoffen) selbst liegt es nicht. Die Reihenfolge der Schlachten und Eroberungen könnte ebensogut eine andere sein. Von Gilgal-Jericho aus hätte er z. B. auch den Josua auf Jerusalem und Südpalästina losmarschieren lassen können.

Es kann keinem Zweifel unterliegen, daß es, obwohl es, soweit ich sehe, bisher keine Beachtung gefunden hat, der kurze J-Bericht (Jdc 1) ist, der ihm das Schema dargeboten hat. Auch hier haben wir die Reihenfolge: von Mittelpalästina aus nach Südpalästina und Nordpalästina. Was bei J die Reihenfolge einer geographisch geordneten Übersicht über die Resultate der Landnahme war, ist hier eine zeitliche Reihenfolge von geschichtlichen Ereignissen geworden[30].

So verhält es sich mit der sogenannten »Eroberung« Kanaans. Kanaan ist nie von Israel erobert worden. ALT und NOTH haben darin vollständig recht, daß die Landnahme als eine Infiltration angefangen hat, die allmählich zu einer langsamen Okkupation überging, die erst mit David ihren Abschluß fand.

Das Vorbild, nach dem der vordeuteronomistische Verfasser den Aufriß seiner Eroberungsgeschichte konzipiert hat, ist somit die jahwistische Übersicht, die in Jdc 1 vorliegt. Daß er diese Quelle gekannt und benutzt hat, haben wir schon mehrere Male gesehen[31]. So haben wir auch allen Grund zu der Annahme, daß er selber und nicht ein späterer Ausfüller es ist, der die aus Jdc 1 stammenden Stücke innerhalb der Eroberungsgeschichte (s. oben S. 35) angebracht hat. Er hat die Anekdoten seines Vorgängers nicht verschmäht, sondern wollte seine Darstellung damit verzieren.

---

[30] Siehe MOWINCKEL in *GTMMM* II, S. 5.
[31] Siehe oben S. 42.

4. Die deuteronomistische Saga hat auch einen Bericht über die Verteilung des Landes enthalten, zu dem auch gewisse Anekdoten aus J benutzt worden sind

Nun finden sich im Josuabuche andere Stücke, die den genannten sowohl stilistisch als auch gattungsmäßig sehr nahe stehen: 17 14-18 18 2-10 19 49-50, dazu das etwas andersartige Stück 14 6 aβ-15. Sie stehen zwar jetzt innerhalb eines Zusammenhanges, in dem sie weder traditionsgeschichtlich noch literarisch zu Hause sind, in der schematischen Übersicht über die verschiedenen Stammesgebiete Kap. 13—19, die von der älteren Literarkritik gewöhnlich dem P zugeschrieben wurde, und die auch nach Noths wohlbegründeter Meinung weder mit seinem »Sammler« noch mit dem deuteronomistischen Geschichtswerk etwas zu tun hat.

Der Kaleb-Hebron-Bericht in Jos 14 6-15 ist sachlich identisch mit 15 13-19 = Jdc 1 2-15. 20. Traditionsgeschichtlich ist das Stück keine selbständige Variante zu den letztgenannten, sondern eine ins Legendarisch-Erbauliche umgebildete jüngere Entwicklung davon. Eine Erzählung kann man das Stück nicht mehr nennen, auch nicht eine Anekdote. Sowohl das Epische wie das sinngebende Ätiologische ist verlorengegangen, von dem Erbaulichen verschlungen. Die sekundäre Art zeigt sich auch in der Verknüpfung mit der Kundschaftergeschichte in Num 13f. In den jetzigen Zusammenhang paßt das Stück gar nicht; nach der Einleitung zum Bericht über die Verteilung des Landes 14 1-5 und unmittelbar vor der Beschreibung des Anteils Judas 15 1ff. erwartet man, von Juda und nicht von Kaleb zu hören[32]. Dagegen hat das Stück einen sachlichen Anschluß an 11 21-23; beiderorts ist von den Anakitern in Hebron die Rede, und der Schluß in 11 23 ist = 14 15 b. Nun ist die Episode in 14 6-15 zeitlich ausdrücklich hinter das Lager bei Gilgal verlegt (v. 6); das ist eben die Situation, die in der Eroberungsgeschichte vorausgesetzt ist. Die Vermutung ist daher berechtigt, daß das Stück von dem Verfasser derselben stammt.

In Jos 14 7. 10 werden die »vielen Tage« in 11 18 als 5 Jahre näher bestimmt. Josua, mit Kaleb gleichaltrig, ist hier 85 Jahre alt. Das stimmt zu 13 1, auch eine Notiz, die ganz isoliert dasteht, ohne sachlichen oder formellen Anschluß an die nachfolgende Aufzählung der noch zu erobernden Gebiete; eine Fortsetzung von 13 1 findet sich aber in v. 7. 8 a. Hier haben wir dann eine Einleitung zu einem Bericht über eine Verteilung des Landes zwischen den Stämmen, die von derselben Voraussetzung bezüglich der Situation ausgeht wie Jos 2—11: daß Josua die Verteilung in dem Lager bei Gilgal vorgenommen hat.

---

[32] So auch Noth zur Stelle.

Auch in Jos 18 9 ist der Ort der Handlung ein anderer als in der jetzt einleitenden Notiz in 18 1. Nach dieser findet die vorzunehmende Verteilung des Landes in Schilo statt, nach v. 9 aber »in dem Lager«, was natürlich das Lager bei Gilgal bedeutet; *bᵉšilō* v. 9 muß daher, wie sowohl Noth als auch ältere Kritiker vermuten, eine harmonisierende Glosse sein. Mit 18 9 hängt aber das Stück 18 2-8 zusammen. Auch v. 5 versteht man am besten unter der Voraussetzung von Gilgal als Hauptquartier (so auch Noth). Zwischen der Angabe in 18 1 und 18 2-9 besteht somit ein Widerspruch, der beweist, daß 18 2-9 ursprünglich nicht zu dem Bericht von der Verteilung, der sonst in den Kap. 14—19 vorliegt, gehört haben kann. Auch inhaltlich ist 18 2-9 mit der sonst in den Kap. 14—19 waltenden Vorstellung von der Verteilung des Westjordanlandes unvereinbar. Hier sind es El'azar und Josua, die die Verteilung in der Tür des Stiftzeltes in Schilo vornehmen; dort wird eine Kommission ernannt, 3 Mann aus jedem Stamm, die das Land befahren sollen, es in Lose aufteilen und diese in einem Buch beschreiben sollen, wonach das Loswerfen im Lager vorgenommen wird. So wird *bᵉšilō* auch in v. 8 eine harmonisierende Glosse sein. Wir haben somit in 18 2-9 ein Stück aus dem deuteronomistischen Bericht, und damit auch aus der vordeuteronomistischen Quelle über die Verteilung des Landes. Nach dieser hat die Verteilung des Westjordanlandes in zwei Etappen stattgefunden; zunächst erhielten die größeren Stämme Juda, Manasse und Efraim ihren Teil, danach die 7 anderen[33]. Mit der Vorstellung von der von den Stämmen selber, nicht von Josua, vorgenommenen Verteilung stimmt auch Jos 19 49-50, die Notiz über den dem Josua zugewiesenen persönlichen Erbteil, überein.

Die unbedingt nächstliegende Folgerung daraus ist, daß dort, wo nun die Kap. 13—21 stehen, einmal ein abweichender Bericht über die Verteilung des Landes unter die Stämme gestanden hat. »Einmal«, d. h. zunächst: in dem deuteronomistischen Geschichtswerk, wo anerkanntermaßen Kap. 13—21 nicht zu Hause waren.

Das heißt aber, daß ein dementsprechender Bericht in der Quelle des Deuteronomisten gestanden hat. Wenn dieser Bericht die obengenannten Stücke enthalten hat, so hat er eben etwas von demselben Charakter der vordeuteronomistischen Eroberungsgeschichte gehabt. Auch dort haben wir dieselbe Hineinflechtung von schließlich aus J stammenden ätiologischen Anekdoten wie in der Eroberungsgeschichte. — Von dieser Quelle stammt dann aller Wahrscheinlichkeit nach auch 17 14-18. Dieses Stück hebt sich ebenfalls sowohl stilistisch

---

[33] Noths Bearbeitungshypothese läuft in der Tat auf dasselbe hinaus; daß aber die konkretere Vorstellung von den drei Delegierten aus jedem Stamm nur das Resultat einer sekundären »verdeutlichenden« Bearbeitung sein sollte, kommt mir recht unwahrscheinlich vor.

wie vorstellungsmäßig von den Umgebungen heraus[34]. Der einleitende
Satz 17 14 ist ganz analog zu dem in 13 6 a geformt und die Voraussetzung dürfte auch hier die sein, daß der Auftritt im Lager bei Gilgal
stattfand.

Es ist auch a priori wahrscheinlich, daß eine Eroberungsgeschichte mit einem Bericht über die Verteilung des gemeinsam eroberten Landes abgeschlossen worden ist. Die jeder für sich wohnenden
Stämme waren ja doch die gegebene Tatsache, auf die auch die legendarische gemeinsame Eroberung ausgelaufen war.

Daß das deuteronomistische Geschichtswerk einen kurzen Bericht
über die Verteilung des Landes gehabt hat, wird von der Notiz in
Jos 19 49-50 über den persönlichen Erbteil Josuas in Timmat-särach bestätigt. Daß sie ursprünglich nicht dorthin gehört hat, wo sie jetzt
steht, ist evident. Sie unterbricht den klaren Zusammenhang zwischen
19 48 und 19 51 a, die den formellen Abschluß des Landesteilungsberichtes in Kap. 13—19 bilden[35]. Die Notiz steht in offenbarem traditionsgeschichtlichen und literarischen Zusammenhang mit Jos 24 29,
der Notiz über Josuas Grab in Timmat-särach. Im Unterschied von der
nüchternen Registrierung geographischer Tatsachen in Kap. 13—19
haben wir es hier mit einer echten Lokaltradition zu tun: dem Grab
des Stammesheros, analog den Notizen über Gideon, Tola', Ja'ir,
Jiftach, Ibsan, Elon, 'Abdon und Samson[36]. Hier wird nun mit klaren
Worten gesagt, daß ein Bericht über die Verteilung des Landes unserer Notiz vorausgegangen war. Aus dem Komplex Kap. 13—19
kann die Notiz nicht stammen; dieser ist nicht an Privatgeschichte interessiert. Aus J auch nicht, denn J hat nicht von einer Verteilung erzählt. Sie muß von einem »Sammler« der vordeuteronomistischen
Quelle überliefert worden sein, dessen Thema, die Eroberungsgeschichte, zugleich auch eine Geschichte des Nationalhelden Josua sein

---

[34] Es ist von mehreren Forschern vermutet worden, daß diese Überlieferung ursprünglich von der Auswanderung manassitischer Klane nach dem Ostjordanlande gehandelt habe, s. BUDDE, *Die Bücher Richter und Samuel*, S. 35 Anm. 3; HOLZINGER, *Josua* [Kurzer Handcom. z. AT] S. 71; MOWINCKEL, *GTMMM* II S. 51. — NOTH, *Josua* S. 79, meint, daß v. 14-15, die er für eine sekundäre Variante zu v. 16-18 hält, in der Tat an das Ostjordanland denken, daß dies aber eine spätere Umdeutung sei. »Sekundär« braucht wohl die Variante nicht zu sein; zwei motivverwandte Sagen können einander angezogen haben.

[35] NOTH (*Josua* S. X) scheidet v. 49 a von der Fortsetzung und nimmt ihn als die ursprüngliche Schlußformel des »Dokumentes« Kap. 13—19. Dazu liegt an sich nicht der geringste Grund vor. Erstens ist eine solche Schlußformel nicht notwendig. Zweitens muß v. 41 b-50 eine nähere Bestimmung bezüglich Zeit und Veranlassung gehabt haben. Dazu kommt noch, daß das behauptete »Dokument« nie selbständig existiert hat, was wir unten näher begründen werden.

[36] Jdc 8 32 10 2. 5 12 7. 10. 12. 14 16 21.

wollte. — Damit ist bewiesen, daß diese Quelle und mit ihr der Deuteronomist selber einen Bericht über die Verteilung des Landes gebracht haben.

Dieser wird erheblich kürzer als der in Kap. 13—19 gewesen sein. Das wird auch der Grund dafür gewesen sein, daß er zum Vorteil des Letzteren gestrichen worden ist, bis auf die oben behandelten Notizen und Anekdoten, die man nicht vermissen wollte.

Der deuteronomistische Geschichtsschreiber hat, scheint es, seine Quelle ziemlich vollständig übernommen, nicht viel daran geändert, sie aber natürlich mit Bemerkungen ausgestattet, die seiner Geschichtsauffassung Ausdruck gaben und den Bericht nach den Forderungen des Gesetzes frisieren sollten (s. oben S. 34). Zu diesen Zusätzen gehört vielleicht auch 19 51 b—20 9, die Aussonderung der Asylstädte (s. näher unten S. 68), die auch nach NOTH »sachgemäß« hinter der Verteilung des Landes und vor 21 43 steht, und die daher nicht mit NOTH als ein »Anhang« zu dem Verteilungsbericht verstanden werden kann[37]. Über 21 43—22 6, 23 1-16 s. unten.

Hat nun die Quelle des Deuteronomisten eine Eroberungsgeschichte mit einem danach folgenden Bericht über die Verteilung des Landes gehabt, dann kann Jos 24 nicht, wie NOTH meint, die ursprüngliche direkte Fortsetzung der vordeuteronomistischen Quellen in Kap. 2—11 (12) gewesen sein. Der Verteilungsbericht muß auch dort und im deuteronomistischen Geschichtswerk dazwischen gestanden haben.

Die ältere Kritik hat m. A. n. darin recht, daß Kap. 24 in der vorliegenden Gestalt deuteronomistisch ist. Einigkeit besteht auch darüber, daß der Deuteronomist hier eine ältere Quelle benutzt und sie mit seinen typischen stilistischen und ideologischen Zusätzen erweitert hat. NOTH denkt, daß Kap. 24 nicht im deuteronomistischen Geschichtswerk gestanden habe; den Abschluß der Josuageschichte beim Deuteronomisten habe Kap. 23 gebildet; Kap. 24 sei später in sein Werk hineingeschoben worden[38]. Ich kann seine Gründe dafür nicht für überzeugend halten. Das ist aber in diesem Zusammenhange nebensächlich; Hauptsache ist, daß NOTH in Kap. 24 den Abschluß der vom Deuteronomisten benutzten Eroberungsgeschichte findet, und darin muß ihm beigepflichtet werden. Nur möchte ich hinzufügen, daß ich es für sehr wahrscheinlich halte, das 23 1, das von derselben Voraussetzung her als 13 1 geformt ist, der ursprüngliche Anfang von Kap. 24 ist.

Auch das, was nach Ausscheidung der späteren Zusätze von Kap. 24 übrigbleibt, ist natürlich eine Sage. Sie setzt sowohl das von Anfang

---

[37] NOTH, *D. Buch Josua* S. 95, denkt allerdings an den Verteilungsbericht in Kap. 13—19, die er nicht dem Deuteronomisten zuschreibt; insofern besteht sein Urteil zu Recht.

[38] *Überlieferungsgeschichtliche Studien* S. 8 f.; vgl. S. 45, Anm. 4.

an existierende Großisrael und die gemeinsame Eroberung unter Josua
voraus. Die Sage wird aber, wie jede Sage, einen Kern von Tatsäch-
lichkeit enthalten. Sellin, Kittel, Noth u.a. dürften darin Recht haben,
daß der Kern der Überlieferung eine Erinnerung an eine in älterer Zeit
in Sichem (regelmäßig) gefeierte Bundesfeier ist[39]. Daß hier ein alter
Kern vorliegen muß, geht doch daraus hervor, daß eine gewisse Konkurrenz zwischen der Vorstellung von dem Sichembunde und dem
Sinaibunde besteht, mag auch die spätere Deutung, sowohl die Eroberungsgeschichte wie der Deuteronomist, den Sichembund als eine ein-
fache Wiederholung und »Erinnerungsfeier« des Sinaibundesschlusses
aufgefaßt haben. Man darf sogar vermuten, was wohl auch Noths
Meinung entspricht, daß die altisraelitische Amphiktyonie tatsächlich
in Sichem gestiftet worden ist und ursprünglich dort ihr kultisches
Zentrum gehabt hat.

Zu der vordeuteronomistischen Eroberungsgeschichte rechnet
Noth auch Kap. 12. Ihm ist das ganze Stück 11 16—12 24 »abschließende
Zusammenfassung des Sammlers«. Richtig ist, daß 11 16-20 die Zusammenfassung des Verfassers sein will[40]. Zu ihr gehört auch v. 21-23[41].
Warum diese besondere Erwähnung der Ausrottung der 'Anaqiter?
Aus keinem anderen Grund als dem, daß der Verfasser später ein paar
Notizen über die 'Anaqiter zu bringen wünschte. Diese folgen auch in
14 12. 15 15 13 f., eben Stücke, von denen wir oben gefunden haben, daß
sie dem Bericht des Verfassers über die Verteilung des Landes zuzuweisen sind. So bestätigt auch seine Zusammenfassung der Eroberung,
daß er nach dieser einen Bericht über die Verteilung hat folgen lassen.

Dagegen kann die Liste der besiegten Könige in Kap. 12 nicht von ihm stammen.
Das geht einfach daraus hervor, daß hier mehrere Könige und Königsstädte aufgezählt
werden, die in der Eroberungsgeschichte gar nicht erwähnt sind: Gädär, 'Arad, 'Adul-
lam (Bet'el, vgl. jedoch 8 9), Tappuach, Chefär, Afeq, Schamschimeron[42], Tirṣa. Vgl.
Wellhausen: »Aus einer der ursprünglichen Quellen des Jehovisten (entspricht hier
Noths »Sammler«) ist dasselbe (d. i. Kap. 12) jedenfalls nicht entlehnt, denn diesen
ist die Vorstellung von Josua als Besieger von dreißig Königen fremd. Nach 24 12
(Sept.) schlägt er zwei Könige der Amoriter, nach Kap. 6—11 nimmt er Jericho und
Ai mit Gewalt, Gibeon durch Vertrag ein, befreit letztere Stadt von den fünf südlichen
Königen und überwindet dann noch die vier nördlichen Könige«[43]. Diese Liste ist wohl
von einem geschrieben, der die Kap. 13—21 kannte, wo jedenfalls die meisten der hier

---

[39] Vgl. E. Sellin, *Gilgal*, 1917, S. 80ff.; R. Kittel, *Geschichte des Volkes Israel* I [5-6] S. 384ff.; Noth, *Josua*, S. 108f.; derselbe, *System der zwölf Stämme Israels*,
S. 66ff.

[40] Nur v. 20 b ist deuteronomistischer Zusatz.

[41] Mit Unrecht in *GTMMM* II als späterer Zusatz bezeichnet.

[42] TM hat *šimrôn-mᵉrôn*; der Assyrerkönig Sinachêriba nennt (Taylorzylinder)
unter den eroberten nordpalästinischen Städten auch ein Schamschimeruna, offenbar
die hier gemeinte Stadt.

[43] *Comp. d. Hexateuchs*, S. 127.

genannten Städte vorkommen. Eine gewisse Tradition über kanaanäische Königsstädte hat der Verfasser der Liste gehabt; daß z. B. Tirṣa eine Königsstadt war, steht sonst nirgends im AT, ist aber durch die neuesten Ausgrabungen in Tell far'a bestätigt. Andererseits ist seine Liste kaum vollständig, jedenfalls wenn wir mit den vielen »Königreichen« rechnen, die sowohl nach ägyptischen Listen wie nach den Amarnabriefen auf diesem kleinen Raum bestanden haben. Die meisten dieser Königreiche hatten wohl kaum den Umfang von Monaco. Näheres unten S. 59 f.

Auf 11 23 folgten in der deuteronomistischen Saga 21 43—22 6 und 23 1-16, die NOTH hinter Kap. 12 folgen läßt.

5. Jos 2—11 setzt voraus, daß der Verfasser früher von der Eroberung des Ostjordanlandes erzählt hat

Die ursprüngliche Eroberungsgeschichte in Jos 2—11 + 24 hat auch das mit Jdc 1 (J) gemeinsam, daß sie sich nur mit dem Westjordanlande beschäftigt. Der Grund kann natürlich nur derselbe wie bei J sein, daß sie früher von der Eroberung des Ostjordanlandes erzählt hat. Wie man eine Fortsetzung der eigentlichen Eroberung postulieren muß und die Reste davon in den Kap. 13—19 findet (s. oben), so muß man auch ein früheres »Kapitel« der Eroberungsgeschichte postulieren. Es ist äußerst unwahrscheinlich, daß ein literarisches Werk mit dem Impf. cons. *wăjjišlăḥ jehošuᵃ‘* Jos 2 1 angefangen haben sollte.

Dieses »frühere Kapitel« kann nicht anderswo als in Num 32 gesucht werden. Wie wir oben (S. 10 ff.) gesehen haben, finden sich hier verstreute J-Notizen über die rubenitische und gaditische Wohnsetzung im Ostjordanlande — Notizen, die in ihrer Art und ihrem Gesichtspunkt mit den J-Stücken in Jdc 1 und im Josuabuch übereinstimmen — in eine ausführlichere und jüngere Erzählung eingestreut und von dieser gleichsam als Bausteine benutzt. Die Voraussetzung des Verfassers ist hier dieselbe wie in der Eroberungsgeschichte: das gemeinsame Vorrücken des vereinigten Großisrael, die schnelle und schmerzlose Eroberung der betreffenden Gebiete, die totale Bannung der früheren Einwohner. — Die literarische Voraussetzung der Wohnsetzung im Ostjordanlande ist die Eroberung der amoritischen Reiche der Könige Sichon und 'Og. Weiter zurück brauchen wir hier die Geschichte nicht zu verfolgen.

6. Die Quelle der Eroberungsgeschichte ist der erweiterte J gewesen

Wer ist nun der Verfasser der vordeuteronomistischen Eroberungsgeschichte? Oder genauer ausgedrückt: können und dürfen wir diese Geschichte in Verbindung mit einer der Pentateuchquellen setzen? So formuliert auch NOTH die Frage. Selbst antwortet er: Nein[44], im Gegensatz zu der gewöhnlichen literarkritischen Annahme, die hier — oder

---

[44] *Das Buch Josua*, S. XIII.

jedenfalls in der Hauptmasse des Berichts — den »E« finden will, aber auch im Gegensatz zu Rudolph, der den Bericht dem J zuschreibt, allerdings nach zahlreichen Streichungen[45].

Wir haben gesehen, daß der Verfasser jedenfalls den Landnahmebericht des J gekannt und benutzt hat. Und wenn wir darin Recht haben, daß diese Eroberungsgeschichte rückwärts nach Num 32 und der Eroberung des Ostjordanlandes weist, so ist der Zusammenhang mit der (den) dortigen Pentateuchquelle(n) bewiesen.

Dann kann aber der ursprüngliche J nicht in Betracht kommen. Dessen Bestand war, wie wir gesehen haben, viel kürzer und enthielt überhaupt keine Eroberungsgeschichte, sondern einen Überblick über die Resultate der Landnahme. Rudolphs Methode, den J als Hauptverfasser des ganzen »vordeuteronomistischen« Hexateuch zu retten und den »E« loszuwerden, empfiehlt sich nicht. Dazu rechnet er mit viel zu vielen zufälligen und planlosen Zusätzen und Zusätzen zu Zusätzen. Es liegt in der alten Hypothese von einem »E« ein Wahrheitskern, der sich nicht in dieser Weise abtun läßt.

Wie wir gesehen haben, ist die vordeuteronomistische Eroberungsgeschichte in der letzten Instanz von dem Aufriß des J bestimmt und hat überhaupt keine wirklich geschichtliche Erinnerung gekannt, die sich nicht auch bei J findet. Was hinzugekommen ist, sind legendarische Stoffe, oder genauer, »ätiologische« und andere sagenhafte Stoffe, die ursprünglich und an sich nichts mit der Landnahme zu tun gehabt haben. Das könnte man, wenn man an die Existenz einer durchlaufenden, mit J parallelen Quelle «E« glaubt, als ein Argument für »E« als Verfasser unserer Eroberungsgeschichte gebrauchen. Denn soviel steht, besonders nach Hölschers Untersuchung[46] fest, daß »E« kein selbständiges, von J unabhängiges und mit J paralleles »nordisraelitisches Sagenbuch« gewesen ist, sondern sowohl in seinem Aufriß wie in der Hauptmasse seiner Stoffe von J abhängig und allem Anschein nach im Südreiche entstanden ist[47]. Wenn eine eigene, für sich bestehende zusammenhängende Quelle »E« existiert hat, so hat sie sich zu J genau in derselben Weise verhalten, wie unsere Eroberungsgeschichte sich zu J verhält.

Nun hat es aber keine solche zusammenhängende durchlaufende Quelle »E« gegeben. Ich habe oben (S. 5ff.) meine Auffassung von »E« skizziert. Die von J gebuchten Traditionen haben auch nach der Aufzeichnung ihr mündliches Leben fortgesetzt, sich dabei nach den Gesetzen aller mündlichen Überlieferung weiter entwickelt, und Stücke davon sind in J hineingearbeitet worden. Neben der üblichen kombi-

---

[45] *Der »Elohist« von Exodus bis Josua*, S. 164ff.
[46] *Geschichtsschreibung in Israel*, S. 136ff.; s. besonders S. 165ff. und 179ff.
[47] S. oben S. 3ff.

nierenden Redaktionsarbeit (s. oben S. 7) mag es aber auch vorge-
kommen sein, daß der betreffende J-Abschnitt zerstückelt worden ist
und nur Bausteine zu der neuen Fassung geliefert hat.

Letzteres ist eben in der deuteronomistischen Eroberungsgeschichte geschehen. Wir haben gesehen, daß hier eine bewußte literarische Arbeit nach einem bewußten Plan vorliegt, wobei aus dem Alten
etwas anderes geworden ist.

Insofern haben diejenigen Vertreter der Literarkritik, die diese
Eroberungsgeschichte sub specie Elohistae betrachtet haben, bis zu
einem gewissen Grade Recht.

Richtiger ist es aber m. A. n. zu sagen, daß diese Geschichte eine
Umarbeitung des ursprünglichen J-Berichtes im Sinne des J^v ist.

Die Geschichtsauffassung und die Ideologie dieser Umarbeitung
stehen dem Deuteronomisten näher als dem alten J. Das ist oft für J^v
charakteristisch, und ist auch ein Charakteritikum des supponierten »E«.

III. DIE EROBERUNG DES LANDES BEI P

1. Noths *Auffassung von Jos 13—19*

Seit den Untersuchungen von Wellhausen[1] und Kuenen[2] ist es
die herrschende Meinung der älteren Literarkritiker, daß die Hauptmasse des Komplexes Jos 13—21[3] — die detaillierte Beschreibung der
Verteilung des Landes unter Angabe der Grenzen der einzelnen
Stammesgebiete und Aufzählung der je zu ihnen gehörenden Städte —
aus der Priesterschrift (P) stammt. Wellhausen hatte anfänglich die
Zuweisung zu P abgelehnt, weil er in den vorhergehenden Kapiteln
keine Spuren von einer Eroberungsgeschichte des P zu finden meinte,
und daher ein Bericht über die Verteilung des Landes in der Luft
schweben würde. Später hat er aber unter dem Eindruck der Beweis-
führung von Graf, Kuenen und anderen die Bedenken aufgegeben[4].

---

[1] *Composition des Hexateuchs*[3], S. 127 ff. Die Sigle Q vertritt hier die damals so-
genannte »Grundschrift«, später allgemein »Priesterschrift« genannt und von K. H.
Graf (*Die geschichtlichen Bücher des AT*, Leipzig 1866) und Wellhausen als die
jüngste der Pentateuchquellen erkannt. Das wird heute von keinem wissenschaftlichen
Forscher geleugnet, wenn man auch (nach dem Vorgang von Kittel u. a.) in steigen-
dem Grade bereit ist, ältere und z. T. erheblich ältere Bestandteile innerhalb der legislativen Partie des Werkes anzuerkennen.

[2] A. Kuenen, *Historisch-critisch onderzoek naar het ontstaan en de verzameling
van de boeken des Ouden Verbonds*[3], Leiden 1888 ff.; deutsche Ausgabe von Th. Webster,
Leipzig 1887, 1890.

[3] Genauer 13 1—19 48. 51 a. 19 51 a bezieht sich ganz klar auf den vorhergehenden
Landesverteilungsbericht und bildet den Abschluß desselben.

[4] Vgl. H. Holzinger, *Einleitung in den Hexateuch*, Freiburg—Leipzig 1893, S. 337.

4*

NOTH hat nun diesem Consensus widersprochen und meint, die
genannten Kapitel dem P absprechen zu müssen[5]. Seine Auffassung
kann gewissermaßen als eine — freilich ganz anders begründete —
Rückkehr zu der anfänglichen Position WELLHAUSENS betrachtet
werden.

Wir werden unten näher auf NOTHS Auffassung von der Entstehung der Kap. 13—21 eingehen. Hier genügt es zu sagen, daß er den
Abschnitt nicht als einen ursprünglichen Teil des deuteronomistischen
Geschichtswerkes betrachtet, sondern es als von einem späteren deuteronomistischen Bearbeiter desselben eingeschaltet ansieht. Auf Grund
seiner Auffassung vom Werdegang des Abschnittes meint er, ihn dem P
absprechen zu müssen.

NOTH scheint sich auch darüber klar zu sein, daß seine Auffassung
von Kap. 13—21 Konsequenzen für die Frage hat, ob P überhaupt
einen Bericht über die Landnahme enthalten habe.   Von einer solchen
findet er nun auch keine Spuren in Kap. 1—12; eine Zuweisung des
Verteilungsberichts zu P würde dann für NOTH dazu führen, daß der
Bericht in der Luft hängen würde, wenn er dieses Argument auch nicht
benutzt.

2. Darf man bei P eine Eroberungsgeschichte erwarten?

M. A. n. ist es methodisch richtig und zweckmäßig, mit der Frage
anzufangen: hat P überhaupt eine Landnahmegeschichte — sei sie
noch so kurz gewesen — enthalten und finden sich in den Texten noch
Spuren davon ?

Es empfiehlt sich dann, mit einigen Bemerkungen über das Verfahren desjenigen Redaktors, der P mit dem Geschichtswerk des J und
dem Anfang des deuteronomistischen Werkes vereinigte und dadurch
den Pentateuch schuf, anzufangen.

Für die in Gen-Num enthaltenen Stoffe hat er, wie auch allgemein
angenommen[6], P als »Grundschrift« und Rahmenwerk benutzt; daher
ist hier fast der ganze P-Stoff aufgenommen worden, was bei der
Knappheit und Formelartigkeit der P-Berichte[7] auch keine Schwierig-
keiten machte. Vom Dtn ab wird das anders; zu dem Gesetzbuch in
seinem deuteronomistischen Geschichtsrahmen lagen in P keine Paral-

---

[5] *Überlieferungsgeschichtliche Studien I*, S. 207ff.; *Das Buch Josua*, S. IX, XIV.

[6] Das kann gewissermaßen auch von ENGNELLS Auffassung (*Gamla Testamentet* I) gelten. Nach ihm ist es P, der — wie ein israelitischer JACOB GRIMM — die alten
Überlieferungen gesammelt und sie in das von ihm selber verfaßte Rüstwerk einge-
ordnet hat. Dieses Rüstwerk besteht auch nach ENGNELL aus den allgemein als P-
Stücke anerkannten Kapiteln und Versen.

[7] Vgl. die Zusammenstellung der die »Erzählung« des P ausmachenden Stücke
in Gen 12 bis Ex 6 bei WELLHAUSEN, *Prolegomena*[5], S. 331 ff.

lelen vor; die Gesetzesstoffe bei P waren meistens ganz anderer Art, und dazu war fast die ganze Gesetzgebung an den Sinai verlegt worden, während D auf den Gefilden Moabs promulgiert sein wollte. In dem Bericht über die letzten Tage des Moses und seinen Tod hatte der Deuteronomist die Nachrichten des erweiterten J^v (»JE«), wie es scheint, voll ausgenutzt und sie in seinen eigenen Bericht hineingearbeitet; es wird sich wohl auch hier um ganz knappe Notizen gehandelt haben. Was sich als P-Notizen in Dtn 31 1-15 33—34 wahrscheinlich machen läßt, ist daher sehr wenig, wenn überhaupt solche vorhanden sind. NOTH findet dort von P nichts; was die älteren Kritiker DILLMANN, WELLHAUSEN, KUENEN, CORNILL, KITTEL dem P haben zuschreiben wollen — meistens nur ein paar Verse in Dtn 34 und meistens übereinstimmend —, mag man in der Tabelle bei HOLZINGER sehen. Persönlich bin ich, trotz NOTH, geneigt, mit allen den oben genannten Forschern Dtn 34 8-9 dem P zuzuschreiben, und dazu auch 31 1-2, wofür P's bekannte Vorliebe für Zahlen und Altersangaben sprechen könnte[8].

Nun gibt es keinen Grund, eine eventuelle Einarbeitung von P-Stücken in die Josuageschichte demselben (denselben) Redaktor(en) zuzuschreiben, die hinter der Herstellung des Pentateuchs stehen. Eher im Gegenteil. Die »Bücher« Genesis bis Numeri sind ja von ihrer ursprünglichen Fortsetzung eben in der klaren Absicht losgerissen worden, sie durch Zusammenarbeitung mit P und Dtn für ein vollständiges, in einen geschichtlichen Rahmen eingespanntes Gesetzbuch Moses, den Pentateuch, zu verwenden. Was in den Geschichtsquellen hinter dem Tode Moses folgte, hatte für die Hersteller des vollständigen Gesetzbuches und ihren Zweck kein Interesse.

So darf man mit gutem Grund vermuten, daß eine eventuelle Erweiterung der Josua- und Landnahmegeschichte mit Stücken aus P später als die Herstellung des Pentateuchs und von dem Beispiel desselben angeregt stattgefunden hat. Daß man sich dabei von denselben Kompositionsprinzipien gebunden gefühlt haben sollte, darf man nicht voraussetzen, vielleicht nicht einmal erwarten.

Wenn nun P eine Eroberungsgeschichte enthalten hat, so wird man, nach allem was wir sonst von seiner Weise, »Geschichte« zu »erzählen«, wissen, sicher voraussetzen dürfen, daß diese recht kurz und summarisch gewesen sein wird. Mit der älteren, ausführlicheren Eroberungsgeschichte des deuteronomistischen Sagaschreibers verglichen, wird sie nichts weder die Phantasie noch den religiösen Nationalismus Anfeuerndes an sich gehabt haben. Es ist daher nichts an-

---

[8] Die ursprüngliche Fortsetzung bei P könnte dann ein Hinweis auf das P-Stück Num 27 12ff. (s. unten) gewesen sein; dasselbe wäre dann jetzt von den deuteronomistischen Versen Dtn 31 3-6 ersetzt worden.

deres zu erwarten, als daß man nur auf unbedeutende Spuren von P
in Jos 1—11 stoßen wird, auch wenn etwas von diesen Begebenheiten
bei der Zusammenarbeitung dieser Kapitel verwendet worden sein
sollte.

Was man aber in einem entsprechenden P-Bericht erwarten
könnte, ist alles, was ihm zu listenähnlichen und aufzählenden Namen
und Zahlen und allerlei Gelehrsamkeit Gelegenheit geben konnte.
Wenn man sich die Genealogien des P in Gen-Num, seine Volkszählungen
und sonstigen Listen vergegenwärtigt, so ist man zu einer solchen Er-
wartung berechtigt.

3. Spuren davon im Pentateuch, daß P eine Eroberungsgeschichte ge-
habt hat

Hat nun P wirklich von der Eroberung des Landes erzählt?
NOTH gibt zu[9], daß die Überlieferung, der P folgt, und das Komposi-
tionsschema, nach dem P geformt ist, in letzter Instanz von J stammt,
der hier ein Vorbild für alle spätere Darstellung der Geschichte Israels
geschaffen hat[10]. J ist ein wirklicher Geschichtsschreiber gewesen[11].
Das kann man von P nicht sagen. Er hat auch nicht, wie J, die Frühgeschichte seines Volkes schreiben wollen. Er hat das Werden und den
Inhalt der sakralen Ordnungen des auserwählten Bundesvolkes und
seiner Theokratie schildern wollen, ein Werden, das er sich nicht als
menschliche Geschichte, sondern als göttliche Mitteilung und Führung vorstellt. Er will aber auch die Vorbereitung dieser Erwählung
und Offenbarung, sowie die Einsetzung der Institutionen schon seit
den Tagen der Schöpfung der Welt mitteilen. Schon damals lag das
alles in Gottes Plan, am Sinai wurde es offenbart und geboten, und —
ja was sollte dann als die logische Konsequenz und Fortsetzung
folgen? Es ist ganz richtig, wenn NOTH sagt, daß das Zentrum des
ganzen Werkes des P die Sinaiereignisse mit der Konstituierung der er-
wählten Volks- und Kultgemeinde ist. Aber wie sollte es dann P lassen
können, die Krönung der ganzen Geschichte, ohne die das Ganze
keinen Sinn haben würde: die Verwirklichung der geoffenbarten
Institutionen der heiligen Volksgemeinde auf dem Boden des verheißenen Landes, mitzuteilen?! Ohne die empirische Verwirklichung
wäre doch die ganze Offenbarung, die eben zur Realisierung im täg-
lichen und festlichen Leben des Volkes und der Einzelnen gegeben war,
eine Luftspiegelung, und ohne den krönenden Bericht von dieser Verwirklichung wäre das Werk des P nur ein Torso. Daß P, der sich sonst

---

[9] *Überlieferungsgesch. Studien* I, S. 207 ff.

[10] Das hat VON RAD in seinem *Formgeschichtlichen Problem des Hexateuch* klar
erkannt.

[11] S. oben »Zur Einführung« Anm. 18.

dem Aufriß der Geschichte bei J bis zum Sinai so genau anschließt und sich von der Macht der von J gegründeten geschichtlichen Tradition gebunden gezeigt hat, absichtlich denjenigen Teil der Tradition, der von der Zeit von Sinai bis zur Landnahme handelte, ausgelassen haben sollte, ist sehr wenig glaubhaft.

So ist man a priori nicht nur berechtigt, sondern auch verpflichtet, in den überlieferten Teilen seines Werkes nach Spuren zu spähen, die zeigen könnten, daß er nicht bloß einen Torso geschrieben hat.

Nun muß Noth selbst zugeben, daß sowohl der von P übernommene Stoff als auch die von ihm befolgte feste, traditionsgegebene Komposition eigentlich auf einen Bericht von der Landnahme zielen[12]; letzteres hat auch von Rad's Untersuchung über das *Formgeschichtliche Problem des Hexateuch* klar genug gezeigt. Dann kann man aber nicht behaupten, daß P keine Landnahmegeschichte gehabt habe, auch wenn keine Spuren davon erhalten geblieben sein sollten. Die Konklusion von Noth's eigenen Prämissen sollte logischerweise die sein: P's Eroberungsgeschichte ist leider verlorengegangen.

Von positiven Argumenten dafür, daß P keine Eroberungsgeschichte gehabt habe, findet man bei Noth eigentlich nur das eine, daß die Sinaiperikope das eigentliche Interesse des P hat. Das genügt aber, wie wir sahen, nicht als Beweis.

Noth gibt ferner zu, daß P Notizen über die Eroberung des Ostjordanlandes und der israelitischen Wohnsetzung daselbst enthalten hat. Num 27 12-23 schreibt Noth in Übereinstimmung mit der allgemeinen Anschauung dem P zu.

Nun enthält P einige von Noth anerkannte Notizen, die deutlich auf die künftige Landnahme hinzielen: neben Num 27 12-23 auch 13 2 20 12 b 22 1. Damit ist bewiesen, daß P einen Landnahmebericht enthalten hat.

Den pentateuchischen Bericht von der Wohnsetzung im Ostjordanlande haben wir in Num 32. Die Frage ist daher nicht unwichtig, ob P hier vertreten ist. Daß dem so ist, ist die meistens angenommene Meinung der Forscher[13].

Auch Noth gibt zu[14], daß Num 32 Elemente enthält, die sprachlich und stilistisch sehr stark an P erinnern. Zu diesen sind mindestens v. 2. 18-19, vielleicht auch v. 28. 32. 33 b zu rechnen. Durch eine minutiös haarspaltende literarkritische Methode gelingt es ihm aber, das ganze Kapital in eine fast unübersehbare Serie von Einschüben und Einschüben in die Einschübe und späteren Ausfüllungen aufzulösen, die nichts anderes übrigläßt als die (J-)Notizen in v. 39-41 und das Werden dieses Kapitels zu einem literarischen Unicum macht. Noth's stehendes Hauptargument bei diesen Operationen ist, daß Num 32 überall auf die deuteronomistische Eroberungsgeschichte in Jos 2—11 hinweise und daher im Verhältnis zu dem erst mit Dtn 1 anfangenden Geschichtswerk

---

[12] *Überlieferungsgesch. Studien*, I S. 210f.

[13] S. die tabellarische Übersicht bei Holzinger, *Einl. i. d. Hexateuch*. Unter den neueren Einleitungen auch R. Pfeiffer, *Introduction to the O. T.*, New York—London 1941, S. 190. Eissfeldt dagegen findet P nicht in Num 32, s. *Hexateuchsynopse*, Leipzig 1922, S. 193*ff.

[14] *Überlieferungsgesch. Studien* I, S. 200.

sekundär sein müsse. Ist das aber eine zwingende Folgerung? Ebensogut könnte man daraus folgern, daß Num 32 auf etwas hinweise, das auch ins Werk des Deuteronomisten Aufnahme gefunden habe, eventuell in die Vorstufe desselben, die vordeuteronomistische Josua- und Eroberungsgeschichte. Der Sagaschreiber hat doch nicht seine Eroberungsgeschichte frei erfunden, sondern ziemlich wörtlich, wie Noth selbst nachgewiesen hat, auf das ältere Werk des »Sammlers« gebaut, das, wie wir gesehen haben, selbst dem Geschichtsaufriß des J gefolgt ist.

Es gibt somit keinen durchschlagenden Grund zu der Annahme, daß die die sprachlichen und stilistischen Merkmale des P tragenden Elemente in Num 32 dem P abzusprechen seien.

Muß man somit daran festhalten, daß P tatsächlich in den erzählenden Stücken der letzten Kapitel von Num vertreten ist und u. a. davon erzählt, daß die Israeliten vom Sinai bis zur Grenze Kanaans zogen und schon im Ostjordanlande standen (Num 27 12), so gibt es keinen Grund, die gewöhnliche Meinung, daß P auch in Num 33 50 bis 34 29[15] vertreten ist, aufzugeben. Zur älteren Sagaüberlieferung gehören diese Stücke jedenfalls nicht, weder zu dem ursprünglichen J, noch zu dem erweiterten J^v (JE), und von dem typisch Deuteronomistischen weisen sie nichts auf. Dagegen bieten sie viele der typischen stilistischen und inhaltmäßigen Kennzeichen des P.

Der literarische Zusammenhang zwischen diesen Stücken und den Grenzbeschreibungen im Josuabuche wird auch von Noth unumwunden zugegeben; er hat sogar diese Auffassung durch eine Reihe von Einzelbeobachtungen gestützt[16]. Wenn er trotzdem Num 33 50—34 29 dem P abspricht, so einzig und allein von der Meinung her, daß Jos 13—21 nicht von P stammen — man ist versucht zu sagen: stammen dürfen. Dies Letztere aber ist es, was unter Beweis gestellt werden muß; in diesem Stadium unserer Untersuchung können wir jedenfalls Noth's Auffassung von Jos 13—19 nicht als Argument benutzen.

Num 33 50—34 29 kann in der Tat nicht ein redaktioneller Zusatz in sekundärem Anschluß an Jos 13—19 sein; der Passus Num 34 8. 10 mit dem hapax legomenon t'h ist im Verhältnis zu Jos 13 1ff. original. In Num 33 50—34 29 hören wir nun, daß Jahwe nach P dem Moses Befehle, die Verlosung des Landes nach dem Übergang über den Jordan betreffend, gegeben hat, mit Angaben über die Grenzen — die »idealen Grenzen« Israels — und den mit der Aufgabe zu betrauenden Ausschuß: dem Priester Eleazar, Josua bin Nun und 12 von den »Fürsten« (n'si'im) Israels, einen für jeden Stamm. Daß dies nach vorne auf eine Erzählung vom Übergang über Jordan und einer Verteilung des Landes zielt, kann nicht bezweifelt werden.

---

[15] Hier findet auch Eissfeldt P, s. *op. cit.* S. 295*; ebenso in Kap. 35. — Die Frage, zu welcher Quelle das Verzeichnis der Lagerplätze in Num 33 1-49 gehört hat, kann hier auf sich beruhen.
[16] *Überlieferungsgesch. Studien* I, S. 192ff.

Dasselbe ist von Num 35 9-15, der Anweisung über die Asylstädte, zu sagen. Daß das Stück die üblichen Kennzeichen des P aufweist, wird von Noth zugegeben, wie er sich auch darüber klar ist, daß es nach vorne auf Jos 20 weist und daß ohne dasselbe der Bericht über die Ausführung des Auftrages in der Luft hängt; da aber nun Jos 20 dem P nicht gehören kann — das meint Noth bewiesen zu haben — kann auch Num 35 9-15 trotz allen seinen deutlichen P-Kennzeichen nicht diesem Verfasser zugehört haben. Der entgegengesetzte Weg würde unseres Erachtens der richtige sein: von Num 35 9-15 aus auf die Autorschaft von Jos 20 zu schließen.

Eine Inkonsequenz bei Noth sei hier bemerkt. Er akzeptiert die gewöhnliche Annahme, daß Num 35 (1-8). 16-34 36 1-13 ein späterer Zusatz zu P sind. Dann müssen doch vorher innerhalb des Komplexes einige P-Stücke gestanden haben, an die sich diese späteren Zusätze haben anhängen können.

Wir bleiben somit dabei, daß P in den letzten Kapiteln von Num reichlich vertreten ist, und daß sich darunter auch Stücke finden, die deutlich eine Fortsetzung in einem Bericht über Landnahme und Verteilung des Landes fordern.

4. Spuren von P in Jos 2—12

Ist nun dies in der Hauptsache richtig, so gibt es keinen Grund, dem P die relativ wenigen Notizen in Jos 2—11 abzuerkennen, die charakteristische P-Kennzeichen aufweisen.

Zunächst ist Jos 4 19 zu nennen. Die genaue Datierung nach Monat und Tag ist ein wohlbekanntes Charakteristikum des P. — Wenn hier eine versprengte P-Notiz vorliegt, so ist es sehr wahrscheinlich, daß die nicht wenigen, von P's Ideologie zeugenden »Retuschierungen«, die der Text in Jos 3—4 aufweist[17], nicht das Werk eines im Geiste des P arbeitenden R P, sondern Reste der P-Erzählung sind. Diese wird dann der Dtn-Version so ähnlich gewesen sein, daß der Redaktor, der P in den ersten Teil der deuteronomistischen Saga hineinarbeitete, nur jene wenigen Retouchierungen vorzunehmen brauchte.

Wir haben oben (S. 35) die beiden in Jos 3—4 zusammengeflochtenen Motive erwähnt: das ätiologische Motiv von den 12 Steinen, die die Israeliten aus dem trockengelegten Jordanbett mitnahmen und davon den heiligen Steinkreis *gilgal* bauten, und das Motiv von 12 Gedenksteinen, die dort im Jordanbett aufgestellt wurden, wo die Priester mit der Lade gestanden hatten, während das Volk hinüberzog[18].

---

[17] Zu diesen sind jedenfalls zu rechnen 3 4 4 12f., »die Lewiten« in 3 3, *ha-'edut* in 4 16, wahrscheinlich auch der zweite der beiden Doublettsätze in 4 10.

[18] Daß hier zwei verschiedene, wenn auch verwandte Motive vorliegen, hat Gressmann gezeigt, s. *Die Anfänge Israels (Schr. d. AT i. Ausw. I 2)* 1922, S. 139f.

Während ersteres Motiv eine echte ätiologische Ortssage ist, die den Ursprung und den Namen des »Steinkreises« (*gilgal*) bei Gilgal erklären will, sieht letzteres mehr nach einer das erstere überbieten wollenden Legende aus; daß eben 12 Steine mitten im Jordanbett so nahe beieinander und so regelrecht plaziert standen, daß sie als ein »Denkmal« für den Übergang gedeutet werden konnten[19], ist wenig wahrscheinlich; wohlweislich hat der Erzähler daran gedacht, daß die Wasser sie nunmehr bedeckten, so daß niemand seine Behauptung kontrollieren konnte. — Nun hat aber MÖHLENBRINK zu zeigen versucht[20], daß die beiden Varianten des Steinmotivs dem Verfasser als zwei selbständig ausgeführte Erzählungen vorgelegen haben, die er literarisch voneinander zu scheiden versucht. Sowohl NOTH wie RUDOLPH geben die Zusammenflechtung von zwei verschiedenen Erzählungsmotiven zu. Da sie aber beide — sozusagen im voraus — hier nur mit einer literarischen Quelle rechnen, so ist auch hier das Ergebnis, daß sie so viele »Zusätze« und »Bearbeitungen« annehmen, daß man mehr als stutzig wird.

Wenn wir aber damit rechnen dürfen — was wir nach dem Obigen tun können — daß P in Jos 3—4 vertreten ist, so wird die Quellenscheidung MÖHLENBRINKs auch von literarkritischem Gesichtspunkt berechtigt. Die P-Variante ist dann das zweite der oben genannten Motive, das nur wenig von dem Geist des wirklich ätiologischen Denkens verrät. Das ältere Motiv will eben die Heiligkeit der Gilgal-Kultstätte motivieren und legitimieren; das jüngere dagegen will eben das Entgegengesetzte, der alten Kultstätte ihre Heiligkeit nehmen bei Übertragung des Motivs auf Steine im Jordan, die niemand sehen kann und die vielleicht nie existiert haben. — Zu dem schematisierenden Symbolismus des P paßt dann gut die Notiz in 4 2, daß zu der Aufstellung der Steine je ein Mann aus den 12 Stämmen gewählt werden soll; das erinnert an die 12 Vertreter der Stämme in der Landverteilungskommission des P in Num 34 18ff. und, was noch überzeugender wirkt, an die 12 die einzelnen Stämme vertretenden Kundschafter in dem unzweifelhaften P-Stück Num 13 1ff.

Aus P stammt aller Wahrscheinlichkeit nach auch Jos 5 10-12 über die erste Passahfeier in Kanaan. In die Chronologie des jetzigen Zusammenhanges paßt das Stück so schlecht wie nur möglich. Nach 4 19 fand der Übergang über Jordan am 10. I. statt; danach folgte die Errichtung des Lagers in Gilgal und die Beschneidung aller erwachsenen Männer (5 2-9), die dann »im Lager sich ruhig hielten, bis sie wieder gesund geworden waren«. Wie aus Gen 34 25 zu ersehen, wird das Wundfieber seine Zeit gefordert haben. Dann soll schon am 14. I. das Passah gefeiert worden sein. Sieht man aber von der deuteronomistischen Zwischenbemerkung 5 1 und von der der Quelle des Deute-

---

[19] So GRESSMANN, der aber auch darauf hinweist, daß der Jordan in dieser Gegend so oft seinen Lauf geändert hat, daß man diese Steine nicht mehr nachweisen kann.

[20] *ZAW* 38, S. 254ff.

ronomisten zugehörigen Beschneidungsgeschichte ab, so besteht ein offenbarer und guter chronologischer Zusammenhang zwischen 4 19 und 5 10-12. Die Andeutung über das Ritual der Feier v. 11 weist auf das Gesetz in Lev 23 14 (P) hin, wie die Notiz von dem Aufhören des Mannas von diesem Tage an auf Ex 16 33-35 P (+ »E«?).

Eine Spur von P findet man wahrscheinlich auch in Jos 9, wo das Volk bei der Bundesschließung mit den Gibeoniten von »den Fürsten der Gemeinde« *n^e ŝî'ê ha-'edā* vertreten wird. Dieser Ausdruck ist für P charakteristisch[21] und deutet daraufhin, daß v. 15 b. 16-21 von P stammen. Daß P ein Interesse an dieser Tradition, die er natürlich auf das mitgebrachte Zeltheiligtum deutete, gehabt haben wird, versteht sich von selbst.

Die Stücke und Spuren von P haben wir nur bei Überlieferungen, die irgendwie mit dem sakralen Leben zusammenhängen, gefunden. P's Anteil am Übergang über Jordan besteht auch darin, daß er eine kultische Prozession aus ihm gemacht hat. In den Schlacht-Erzählungen in Kap. 6, 8, 10, 11 haben wir keine Spuren von P nachweisen können. Nun ist P überhaupt nicht am Epischen interessiert; »Erzähler« ist er überhaupt nicht, und so ist er auch nicht an Schilderungen von Schlachten, Heldentaten und Eroberungen interessiert; das sind alles Dinge, die bei ihm ganz summarisch abgetan werden[22]. Eine Geschichte von der Eroberung hat er gewiß nicht geschrieben. Was wir aber von ihm erwarten können, ist ein summarischer Bericht, der die Eroberung und ihre totale Durchführung konstatiert, womöglich in der Form der von P geliebten Listen.

Das finden wir auch, und damit kehren wir noch einmal zu Jos 12 zurück. Wir haben oben (S. 48f.) gesehen, daß dieses Kapitel weder vom vordeuteronomistischen »Sammler« der Landnahmetraditionen, d. h. der vordeuteronomistischen Eroberungsgeschichte, noch vom deuteronomistischen Sagaschreiber selber stammen kann. Die hinter Kap. 12 stehende Vorstellung von der Eroberung stimmt nicht mit dem Bilde, das der »Sammler« geschaffen und der deuteronomistische Sagaschreiber von ihm übernommen hat, überein.

Der Abschnitt über die ostjordanische Eroberung v. 1-6 ist allerdings deuteronomistisch gefärbt; das ist besonders im v. 6 deutlich. Das ist aber nicht anders zu erwarten, wenn das Stück von einem Redaktor, der eine andere Quelle in das Sagawerk hineinarbeitete, hier eingesetzt worden ist. Es mag sogar zugegeben werden, daß das ganze Stück v. 1-6 von diesem Redaktor geschrieben sei.

Die Liste in 12 7-24 aber enthält eine Vorstellung von der Eroberung, die nicht Jos 2—11 entnommen sein kann, sondern ihre eigene

[21] Zu *'edā* s. die Stellenhinweise bei HOLZINGER, *Einleitung in den Hexateuch*, S. 345. Zu *naŝî'* s. NOTH, *System d. zwölf Stämme*, S. 151ff. Vgl. auch die 12 *n^e ŝî'îm* Num 34 18ff., P.

[22] Man lese nochmals WELLHAUSEN, *Prolegomena*[5], S. 331ff.

Entstehungsgeschichte hat. Diese Vorstellung geht darauf hinaus, daß
Kanaan vor der Eroberung von 30 Königen[23] beherrscht war, welche
von den Israeliten unter der Führung Josuas der Reihe nach besiegt
wurden. Geschichtlich gesehen ist die Zahl, wie oben gesagt, gewiß zu
niedrig. Von den wirklichen politischen Zuständen in Kanaan zur Zeit
der Landnahme hat aber die israelitische Tradition recht nebelhafte,
jedenfalls sehr sporadische und ungenaue Erinnerungen; es ist bezeichnend, daß sie überhaupt nichts davon weiß, daß die Ägypter
immer noch die Oberherrschaft, aber auch Garnisonstädte, Tempel
usw. in Kanaan hatten[24]. 30 ist aber eine symbolische Zahl.

30 Tage hatte der Monat; 30 Söhne hatte der Richter Ja'ir, die auf 30 Mauleseln
ritten und 30 Städte beherrschten (Jdc 10 4); der Richter Ibschan hatte 30 Söhne und
30 Töchter (Jdc 12 9); 30 sind die »Freunde des Bräutigams« (Jdc 14 12ff.); 30 Ellen ist
die Höhe der Arche (Gen 6 15) wie auch die des Tempels; 30 waren die Helden Davids,
der innere Kreis seiner Leibwache; 30 Tage sind die Zeit der devotesten Anbetung
(Dan 6 8); 30 Tage soll eine rituelle Abstinenz dauern (Est 4 11); übervolle 30 sind die
33 Tage der Unreinheit Lev 12 4; hier gilt es, nicht zu knapp zu sein.

Die Zahl 30 enthält den Begriff der Totalität. Daß Kanaan von 30
mächtigen Königen beherrscht war, ist eine Vorstellung, die eben der
hinter P liegenden Tradition würdig ist. Denn eben um eine gelehrte
Traditionsbildung handelt es sich hier. Daß diese späteste Entwicklung der »Tradition« bei P zu finden sei, ist die an sich nächstliegende
Annahme.

So wird man mit der größten Wahrscheinlichkeit Jos 12 dem P
zuschreiben dürften. Die Eroberung des Landes hat P in der Form
einer Liste über die 30, das ganze Land vertretenden und von Josua
besiegten Könige gegeben. Daß irgendeine Verbindungsnotiz, die die
Tatsache der Eroberung mit der Passahfeier in Gilgal verband, bei P
gestanden hat, ist wahrscheinlich. Diese hat R[P] auslassen können, weil
alles schon viel ausführlicher vom deuteronomistischen Sagaschreiber
erzählt worden war.

Daß Jos 22 7-34 sowohl sprachlich als auch ideologisch in nahem
Zusammenhang mit P steht, wird von NOTH im Anschluß an die übliche kritische Ansicht zugegeben[25]. In der Tat deutet alles darauf hin,
daß dieser Bericht von der Heimkehr der an der Eroberung beteiligten
2½ ostjordanischen Stämme, nach ihrer Verpflichtung auf den richtigen Jahwekult, zu P gehört hat. Ob man ihn dem Grundbestand des
P (P[G]) zurechnet, oder ob man den Mut hat, literarisch zwischen

---

[23] TM hat allerdings »31«, da aber »Saron« v. 18 keine Stadt ist und keinen Stadtstaat gebildet hat, so besteht darüber unter den Exegeten Einigkeit, daß 'æḥad,
mælæk eine unrichtige Ausfüllung eines Abschreibers ist, infolge derer TM das ursprüngliche »30« in »31« »korrigiert« hat.

[24] Wie z. B. die Ausgrabungen in Bet-sche'an bewiesen haben.

[25] *Das Buch Josua*, S. 203f.

den verschiedenen Schichten in P zu unterscheiden und unserem Stück
etwa die Sigle P^S gibt, ist in diesem Zusammenhange prinzipiell gleichgültig. Als Abschluß des »Eroberungsberichts« bei P, und damit seines
Geschichtswerkes überhaupt, ist das Stück »mit seiner ernsten Warnung
gegen illegitime Kulte und Kultstätten« (NOTH) durchaus am Platze.

5. *Kritik an* ALTS *und* NOTHS *literarischer Analyse von Jos 13—19*

Sind die obigen Resultate in der Hauptsache richtig, so muß das
Konsequenzen für die Beurteilung von Jos 13—19, dem Bericht über
die Verteilung des Landes, haben. Daß dieser Abschnitt und dazu
auch 20 1—21 32 nicht zu dem deuteronomistischen Sagawerke gehört haben, darin gebe ich NOTH unbedingt recht[26]. Im »Josuabuche«
des deuteronomistischen Sagawerkes, d. h. in dem Teil desselben, der
von Josua und der Eroberung des Landes erzählte, folgten 21 43—22 6
+ 23 1-16 unmittelbar nach Kap. 11[27]. Als einen Beweis für die nachträgliche Einfügung von Kap. 13—21 nennt NOTH auch die Identität
der Sätze 13 1 a und 23 1 b; »denn die(se) Identität . . . läßt sich nur so
verstehen, daß 13 1 a eine nachträgliche Vorwegnahme von 23 1 b zum
Zweck der literarischen Einbeziehung von c. 13 ff. darstellt, da eine
spätere Wiederholung dieser einmal gemachten Aussage durch nichts
motiviert wäre«[28]. Dem ist nicht zu widersprechen.

Was uns hier beschäftigen soll, ist der Komplex Kap. 13—19. Zunächst einige Worte über die Abgrenzung. Daß 19 49-50 ursprünglich
nicht in diesem Zusammenhange hineingehört, ist evident (s. oben
S. 44f.). Der Satz 19 51 a[29] ist ganz deutlich als Schlußformel zu dem,
was in Kap. 14—19 geboten wird, gedacht und formuliert. Die in
19 51 a vorausgesetzte Situation stimmt mit der in 18 1 ausdrücklich
genannten überein: daß die Verlosung von Eleazar und Josua an der
Türe des Stiftszeltes in Schilo vorgenommen wird. Diese Notiz weist
wieder auf 14 1 zurück. Wie wir oben (S. 45) gesehen haben, gehört
18 2-9 nicht zum Verteilungsbericht in Kap. 14—19. Daraus ist zu
schließen, daß 18 1 ursprünglich den Anfang des in den Kap. 14—18
vorliegenden Verteilungsberichts bildete und einmal vor Kap. 14 gestanden haben muß. Die Versetzung ist durch die Zusammenarbeitung
von Kap. 14—19 mit dem älteren deuteronomistischen Bericht, der
von einer Verteilung in zwei Etappen erzählte (s. oben S. 45), verur-
sacht worden.

---

[26] *Überlieferungsgesch. Studien* I S. 45f.; *D. Buch Josua* S. XIV.

[27] Nicht hinter Kap. 12, wie NOTH meint; daß Kap. 12 nicht zu dem ursprünglichen Geschichtswerk gehörte, haben wir oben gesehen, S. 48f., 59.

[28] *Das Buch Josua*, S. XIV.

[29] 19 51 b gehört als einleitender Vordersatz mit 20 1 zusammen. Über 19 51 b—20 9
s. oben S. 47 und unten S. 68.

Diesem Bericht von der Verteilung des Westjordanlandes geht im jetzigen Zusammenhang ein rückgreifender Bericht über die Verteilung des Ostjordanlandes Kap. 13 voraus. Das ist sachlich wohl begründet, braucht aber deshalb nicht literarisch ursprünglich zu sein. Noth hat geglaubt, einen solchen literarischen Zusammenhang ablehnen zu müssen; darauf kommen wir unten zurück. Vorläufig wollen wir uns mit den Kap. 14—19 beschäftigen.

Diese Kapitel treten uns — abgesehen von einigen nachträglichen Einschaltungen aus Js Landnahmebericht (s. oben S. 16, 24) — als ein zusammenhängender literarischer Abschnitt entgegen, der in seiner vorliegenden Gestalt dazu bestimmt ist, ein »Kapitel« innerhalb einer Geschichte von der Besitznahme des Landes zu bilden.

Nach Noth hat er aber einen komplizierten Werdegang gehabt. Im Anschluß an Arbeiten von A. Alt, die er weitergeführt hat, ist er zu dem Ergebnis gekommen, daß hinter Kap. 13—19 zwei alte »dokumentarische« Listen liegen: a) eine in die Richterzeit zurückreichende Liste über die Grenzfixpunkte der einzelnen Stämme und b) eine Liste der Ortschaften des Reiches Juda nach seiner Einteilung in 12 Gaue, die aus der Zeit des Königs Joschija stammt. Diese beiden »Dokumente« seien später zu einem »Dokument« vereinigt worden, dessen Zweck es sei, »den Besitzstand der zwölf Stämme in der Landnahmezeit festzulegen«. Als solches offizielles Dokument habe es eine Zeit lang existiert, bis einer auf den Gedanken gekommen sei, es in Verbindung zu setzen mit der Eroberung des Landes unter Josua und daraus einen Bericht über die Verteilung des Landes zu machen[30].

Auf die von Noth vermutete späteste Geschichte dieses Dokuments ist es nicht notwendig einzugehen; seine Vermutungen darüber stehen und fallen mit dem Urteil über die beiden angeblichen, zugrunde liegenden »Dokumente«.

Meine Auffassung von der von Alt und Noth in diesem Falle verwendeten literarkritischen Methode habe ich in einem dieser Frage gewidmeten Aufsatz dargelegt und begründet[31] und brauche sie hier nicht zu wiederholen, um so weniger als Noths Gegenbemerkungen[32] seine äußerst bedenkliche literarkritische Methode nicht zu retten vermögen. Auf eine Liste kann keine Quellenscheidung mit Erfolg angewendet werden.

Meiner Ansicht nach wird man Alt darin recht geben müssen, daß die judäische Ortsliste in Jos 15 die tatsächlichen Verhältnisse der

---

[30] Siehe Noths eigene Zusammenfassung seiner und Alts in mehreren separaten Abhandlungen begründeten Ansichten in *Das Buch Josua*, S. IX f. Siehe ferner Alt, »Das System der Stammesgrenzen im Buche Josua«, *Sellin-Festschrift* 1927, S. 13 ff.; »Judas Gaue unter Josia«, *PJB* 21 (1925), S. 100 ff.; »Eine galiläische Ortsliste in Jos 19«, *ZAW* 45 (1927), S. 59 ff.; »Bemerkung zu Prockschs Abh. »König Josia'«, *Zahn-Festschrift* 1928, S. 47 f.; Noth, »Studien zu den historisch-geographischen Dokumenten des Josuabuches«, *ZDPV* 58 (1935), S. 185 ff.

[31] S. Mowinckel, *Zur Frage nach dokumentarischen Quellen in Josua 13—19* (Avh. utgitt av Det Norske Videnskaps-Akademi i Oslo, II, Kl. No. 1) Oslo 1946.

[32] Noth, »Überlieferungsgeschichtliches zur zweiten Hälfte des Josuabuches«, *Bonner Biblische Beiträge* I, 1950, S. 152 ff.

spätesten judäischen Königszeit spiegelt[33]. Auch das wird zugegeben werden müssen, daß sich derartige Listen in den Regierungsarchiven in Jerusalem befunden haben. Wenn aber ein geschichtlich sein wollender Bericht, der die damaligen Verhältnisse in die Zeit der Einwanderung zurückverlegt, frühestens in den letzten Jahren des judäischen Staates geschrieben sein kann, so fragt man sich vergebens, wie das Opus des Verfassers, geschweige denn die angeblich benutzten Archivalien aus der Katastrophe von 587 gerettet worden sein können. Ganz unmöglich wird diese Annahme, wenn der »Bearbeiter der Liste« (der Ausdruck ist von NOTH) nach der Katastrophe geschrieben haben sollte. — Andererseits ist die Annahme eines literarischen Gebrauchs einer solchen Liste ganz unnötig. Auch ein eventuell in früher nachexilischer Zeit schreibender Judäer wird, teils aus Traditionen, teils aus dem — jedenfalls teilweisen — Fortleben der administrativen Verhältnisse auch in der Provinz Judäa, so viel Kunde von den Gauen seines Landes gehabt haben, daß er eine (idealisierte) Aufrechnung der Städte in der Zeit des Größtumfanges seines Landes geben konnte, um so mehr, als die supponierte Neuordnung unter Joschija gewiß im weitesten Umfang in Übereinstimmung mit früheren traditionellen Ordnungen geschehen ist. Man muß m. A. n. viel mehr mit der mündlichen Tradition rechnen, als ALT es getan hat; sein Interesse an der Ausscheidung älterer »Dokumente« ist nicht der Mühe wert.

Das gilt noch mehr von ALTs Versuch, durch direkte literarkritische Operationen alte dokumentarische Listen aus den galiläischen Ortslisten in Jos 19 herauszuschälen. Hier etwas aus dem Nichtvorkommen dieses oder jenes zu erwartenden Ortsnamens zu folgern, rechnet viel zu wenig mit der Tatsache, daß wohl kaum irgendein Text in dem Maße Textverderbnissen und Verlusten ausgesetzt ist wie eine Namenliste. Daß der Text in Jos 19 zum Teil sehr schlecht erhalten ist, ist eine nicht zu leugnende Tatsache.

Was nun NOTHS »Liste der Grenzfixpunkte« betrifft, so halte ich seinen Versuch, durch literarkritische Operationen eine Grenzbeschreibung in eine reine Namenliste zu verwandeln, für ein so bedenkliches Unternehmen, daß davon prinzipiell Abstand genommen werden muß. Daß keines von NOTHS Argumenten für diese Literarkritik stichhaltig ist, habe ich in meinem obengenannten Aufsatz zu zeigen versucht. NOTH

---

[33] Z. KALLAI-KLEINMANN, »The Town Lists of Judah, Simeon, Benjamin and Dan«, *Vetus Testam.* 7 (1958), S. 148 ff., will lieber die zugrundeliegenden Verhältnisse auf Hizqija zurückführen. Das ist äußerst unwahrscheinlich. ALT hat darin unbedingt recht, daß, wenn die Liste der judäischen Städte überhaupt den geschichtlichen Zustand einer bestimmten Zeit wiedergibt, diese die Zeit des Größtumfanges des judäischen Reiches sein muß, und das war unter Joschija. Hizqijas Juda repräsentiert den Mindestumfang, nachdem Sinachêriba die größten Teile des Reiches seinen philistäischen Vasallen gegeben hatte und Hizqijas Reich auf den Stadtstaat Jerusalem beschränkt hatte.

gibt selbst zu, daß seine so konstruierte Liste der Gebiete der einzelnen Stämme auch Städte und Gaue umfaßt, die »in der Richterzeit« nicht und teilweise überhaupt nie zu dem betreffenden Stamm gehört haben. Man muß immer noch fragen: welchen Nutzen sollte eine Behörde aus einem derartigen Traumgebilde gehabt haben? Nimmt man an, daß die Liste dazu dienen sollte, bei aufkommenden Streitigkeiten zwischen zwei Stämmen über die Grenzen ein autoritatives Dokument für ein Schiedsgericht darzustellen, so fragt man sich zunächst, ob dann die Bewohner einer Stadt nicht wußten, zu welchem Stamme sie sich rechneten. Das haben sie aber ohne jede Frage gewußt, wie aus der »Liste« selber hervorgeht; die Bewohner von Tappuach wußten, daß sie Efraimiten waren, wenn auch ihre Stadt innerhalb des Gebietes lag, das sonst zu Manasse gerechnet wurde (17 7f.); die Bewohner von Bet-sche'an, Jible'am, Ta'anak, Megiddo und Dor wußten, daß sie Manassiten waren, obwohl die Städte in einem Gebiete lagen, das zu Ascher und Issakar gerechnet wurde (17 11). Wenn diese Notiz — abgesehen natürlich von dem wiederholten *ûh*e*notæha*, das Zusatz eines R^P sein wird — zu der »Liste« gehört, so bekommen wir hier einen Einblick in die Art derselben. Die genannten Städte sind erst unter David und Salomo israelitisch geworden, was jedenfalls für Megiddo und Ta'anak durch die Ausgrabungen bestätigt worden ist[34]. Ihre Zugehörigkeit zu Manasse kann sich somit erst dieser Zeit zuschreiben und wird mit der administrativen Einteilung Salomos zusammenhängen; oder sie bedeutet, daß manassitische Klane nach der Einverleibung jener Städte in das Reich dort angesiedelt worden sind. Vor der Zeit Salomos galt dieser Distrikt teils als ascheritisch, teils als issakaritisch.

Wie Streitigkeiten zwischen den Stämmen in der Zeit der Amphiktyonie tatsächlich entschieden wurden, können wir aus dem Bericht in Jdc 12 1-6 von dem Streit zwischen den Efraimiten und den Gileaditen unter Jiftach sehen; nachdem die ersteren in die Flucht geschlagen waren, besetzt Jiftach die Jordanfurten, und wer als Efraimit erkannt wurde, wird getötet. Daß irgendeine amphiktyonale Behörde dagegen eingegriffen habe, davon hören wir nie.

Welche rechtliche Interessen haben sich in der Richterzeit überhaupt an eine offizielle Festlegung der Grenzen zwischen den Stämmen geknüpft? Es wurden doch keine Stammessteuern eingetrieben, so daß etwa darüber gestritten werden könnte, welche Behörde Anspruch auf die Steuern dieser oder jener Stadt hätte. Im Gegenteil, wir hören ausdrücklich, daß das Steuerzahlen eine Neueinrichtung des Königtums war, vgl. I Sam 8 10ff. Wurden die Stämme zu gemeinsamem nationalen Einsatz aufgeboten, und eine Stadt entzog sich dieser Pflicht, so wurde sie zwar von den Dichtern gebrandmarkt[35], von einem Einschreiten des betreffenden Stammes oder der Amphiktyonie gegen sie hören wir nichts. Ein Feldherr, der seine Truppen bei sich hatte und sich durch die Pflichtentziehung einer Stadt persönlich beleidigt fühlte, wie Gideon gegenüber Sukkot und Pnu'el, könnte wohl an den Städten blutige Rache nehmen[36]; weder der betreffende Stamm noch die Amphiktyonie hatten dabei etwas zu tun oder griffen irgendwie rechtlich ein oder scheinen überhaupt dabei richterliche Befugnisse gehabt zu haben, die etwa Listen über die Stammeszugehörigkeit der Städte notwendig ge-

---

[34] S. K. GALLING, *Bibl. Reallexikon* 1937, Art. »Megiddo« (vgl. I Reg 4 12 9 15) und »Thaanach«.

[35] Jdc 5 25.

[36] Jdc 8 5-9. 14-17.

macht hätten. Wenn ein Sakrileg vorlag, wie bei der Schandtat in Gibea[37], das das Eingreifen der Amphiktyonie forderte, hatte man keine Stadtlisten nötig, um zu wissen, welcher Stamm darin als erster einzugreifen hatte. Daß Gibea benjaminitisch war, wußten sowohl die Bewohner der Stadt wie jeder Benjaminit; in diesem Falle erklärte sich der Stamm mit der Stadt solidarisch. — Als die Bewohner von Jabesch in Gilead ihren Hilferuf an die Stämme Israels hinausgehen ließen[38], hört man nichts davon, daß man erst in Listen nachschlagen mußte, um festzustellen, ob Jabesch israelitisch war.

Eher könnte man sich denken, daß eine offizielle Grenz- und Städteliste, die auch evident nichtisraelitische Städte enthielt, zu auswärtigem Gebrauch, als Rechtsgrundlage in Grenzzwistigkeiten mit einem Nachbarvolke, abgefaßt worden sei. Das ist wohl auch Noths Meinung. Wenn aber die Israeliten in einem solchen Falle auf ihre »Listen« und nationalen Aspirationen pochen wollten, so würde sicher der kanaanäische Gegner auf den faktischen Tatbestand verweisen und gegen einen israelitischen Anspruch auf den Besitz einer Stadt mit den Spartanern antworten: »Kommt und nehmt sie!« Das Rechtsprinzip, nach dem in solchen Fällen gedacht und gehandelt wurde, ist mit klaren Worten von Jiftach im Streit mit den Moabitern ausgesprochen: »Wen dich dein Gott Kamosch vertreiben heißt, den vertreibst du, und wen immer Jahwe, unser Gott, vor uns vertreiben heißt, den vertreiben wir« (Jdc 11 24). D. h. der Gott entscheidet durch den (sakralen) Krieg. Über ein »Dokument« wie die »Liste der Grenzfixpunkte« würden etwa die Philister gegebenenfalls nur lachen.

Endlich muß man fragen: wie sollte ein »Dokument« aus der Richterzeit in die Hände eines jedenfalls später als 900 (so Noth) arbeitenden jerusalemischen »Bearbeiters« gekommen sein? Hat man etwa in Sichem ein amphiktyonales Rathaus mit einer Archivabteilung gehabt? Oder wurden die amphiktyonalen Archivalia in der Burg der Stadt aufbewahrt? Wie ging es mit etwaigen Dokumenten, als Abimelek die Stadt zerstörte und die Burg verbrannte (Jdc 9 46ff.)? Oder war schon damals das amphiktyonale Zentrum nach Schilo verlegt, wo im dortigen Jahwetempel wichtige Dokumente untergebracht wurden? Wie ging es mit diesen, als die Philister die Stadt eroberten und den Tempel zerstörten, wie uns Jeremia bezeugt (7 12)? Hat nun etwa der Flüchtling Abjatar sie mit nach Nob hinübergerettet? Und hat David sie später nach Jerusalem gebracht? Alles Fragen, die eigentlich beantwortet werden müßten, ehe man an das von dem »Bearbeiter« benutzte »Dokument« glauben kann.

Nun könnte man diesen Fragen durch den an sich berechtigten Hinweis auf die damalige große Bedeutung der mündlichen Überlieferung zu entgehen suchen. Die normale Überlieferungsweise der damaligen Zeit war nicht wiederholtes Schreiben, sondern Auswendiglernen[39]. Gewiß! Die Priester haben sicher die Rituale und Liturgien auswendig gelernt, die Sänger ebenso die bei den Gottesdiensten vorzutragenden Psalmen. Die sakralrechtliche Tradition, die Überlieferung des alten »Jahwerechts«, ist sicher lange mündlich geschehen. Der Richter der amphiktyonalen Zeit oder besondere Gesetzeskundige, der »Gesetzsprecher« (dem *lôgsögumaðr* auf Island analog), hat sicher die alten Gesetze, nach denen Rechtsfälle entschieden wurden, auswendig gekannt. Die

---

[37] Jdc 19f. Ein alter Traditionskern liegt in einer recht späten und höchst legendarischen Ausformung vor.

[38] I Sam 11.

[39] Zur Rolle der mündlichen Überlieferung im alten Orient s. die oben »Zur Einführung« Anm. 19 genannte Literatur.

inner-ethnologischen Verhältnisse des Stammes, die Klane und Unterklane und Geschlechter, ihre »Stammbäume« und ihre Relationen zueinander kannte jeder bedeu-
tende Mann auswendig, wie es die Araber bis auf den heutigen Tag tun, ohne ein Jota
davon aufgeschrieben zu besitzen[40]. Aber hat man sich diese Mühe bei Dokumenten,
die man nur von Zeit zu Zeit verwendete, gegeben? Die Ausgrabungen in Syrien—
Palästina, die Texte ans Licht gebracht haben, bestätigen, daß das, wofür schriftliche
Aufzeichnung anfänglich verwendet wurde, eben geschäftliche und rechtliche Urkunden
waren. Bei dem uns hier interessierenden supponierten »Dokument« wäre somit ein
Rekurrieren auf mündliche Tradition nicht günstig. Und wenn man nun zu vermuten
wagte, daß irgendein Mitglied der von Nob nach Jerusalem gekommenen Eliden das
hypothetische »Dokument« einmal auswendig gelernt hätte, so müßte man die neue
Hilfshypothese aufstellen, daß der Betreffende es bei irgendeiner Gelegenheit aufgeschrieben und es im Archiv des Tempels bzw. des Königs deponiert hätte, wo der hypothetische »Bearbeiter« es viele Jahrhunderte später aufgestöbert hätte, um es in einen
Deucht über die Grenzziehungen der Einwandererzeit zu verwandeln. — Das klingt
mir alles wie ein Thema eines Kriminalromans.

Wenn man nun die in Jos 13—19 gezogenen Grenzen ins Auge
faßt, so kann man sich des Eindrucks einer stark theoretischen Konstruktion nicht erwehren. Dem Simeon weiß der Verfasser kein anderes
Gebiet zuzuweisen als ein paar Städte im äußersten Süden, den er
schon Juda gegeben hat. Die Gebiete der einzelnen Stämme läßt er
überall ans Meer reichen und annektiert dabei Landstrecken, die nie zu
Israel gehört haben[41]. Dazu kommt ferner, daß die israelitische Stam-
mesamphiktyonie nicht aus 12, sondern aus den 10 in Jdc 5 aufgezählten Stämmen bestand. Einen »Stamm« Juda gab es damals nicht; in
der Landschaft[42] Juda lebten die Stämme Otni'el, Kaleb, Qain, Je-
rachme'el, Qenaz, Zerach, Peres usw., die je einen Teil des Judage-
birges und des Negeb als ihr Territorium beanspruchten[43]. Ein gesam-
meltes Kleinreich Juda hat erst David, »der Fürst von Kaleb« (ro'š
kaleb)[44], geschaffen, und erst er hat aus diesem Juda einen »israelitischen Stamm« gemacht, als er Juda und Israel zu einem »Großisrael« vereinigen wollte. So setzt das »System« der Stämme in Jos 13
bis 19 ganz deutlich die Königszeit voraus. Es sind die »idealen« Grenzen des Davidreiches, die den Rahmen um das ganze Bild in Jos 13
bis 19 geliefert haben[45] und diese sind hier durch die Brillen der roman-

---

[40] THESSINGER, *Bedou*, gibt Beispiele genug, wie sie schon A. MUSIL, *Arabia
Petraea*, I—III, Wien 1908, und JAUSSEN, *Coutumes des Arabes au pays de Moab*, gegeben haben.
   [41] Nähere Nachweise in meinem *Zur Frage nach dokumentarischen Quellen*, S. 27ff.
   [42] S. M. NOTH, *Die Welt des Alten Testaments*[2], Berlin 1953, S. 47ff.
   [43] Vgl. I Sam 27 10.
   [44] H. WINCKLER hat als der erste die Hindeutung auf Davids politische Stellung
in Abners Witz in II Sam 3 8 erkannt, s. *Geschichte Israels* I, 1905, S. 25. Obwohl GES.-
BUHL[16] darauf hinweist, haben die Theologen fast nie darauf geachtet.
   [45] Vgl. *Zur Frage n. dok. Qu.*, S. 20ff.

tischen Ferne und der späteren Theorie gesehen, die auch in P überall vorausgesetzt ist.

Wenn nun die supponierten Listen nie existiert haben, so erübrigt sich ein näheres Eingehen auf Noths Versuch, eine literarische Geschichte derselben zu entwerfen. Nur möchte ich bemerken, daß ich diejenigen von Alts und Noths Argumenten, die von ihrem falschen Verständnis von Jdc 1 hergenommen sind, durch die richtige Deutung dieses jahwistischen Berichts oben in Kap. I [46] widerlegt betrachte.

Noch eins bemerke ich hier. Noth meint, daß sein »Dokument« schon vor der Aufnahme in das deuteronomistische »Josuabuch« die anekdotischen Stücke 14 6 a-15 15 13-19 17 14-18 enthalten habe. Wir haben oben nachgewiesen, daß diese aller Wahrscheinlichkeit nach aus dem Landnahmebericht des J stammen und somit ursprünglich mit Jdc 1 zusammenhängen. Ihrer ganzen literarischen Art nach gehören sie nicht dorthin, wo sie jetzt stehen, nämlich in einer nüchternen, geographisch orientierten Grenzbeschreibung. Alles spricht dafür, daß die Anregung zur Einschaltung dieser Stücke aus J von dem Vorkommen ganz analoger und letzten Endes derselben Quelle entstammender Stücke in der vordeuteronomistischen Eroberungsgeschichte ausgegangen ist, und daß sie somit etwa gleichzeitig mit der Aufnahme von Kap. 13—19 (21) in jene Geschichte eingeschaltet worden sind.

6. Die literarische Abgrenzung des Komplexes

Wir haben bisher von Jos 13—19 als einem zusammenhängenden literarischen Komplex geredet. Es ist aber notwendig, eine nähere Untersuchung dieses Komplexes vorzunehmen.

Noth will ihn auf die Kap. 14—19 beschränken. Als Beweis dafür, daß das »Dokument«, zu einem Landesverteilungsbericht erweitert, zunächst jedoch »ohne literarischen Zusammenhang mit der erzählenden Josua-Überlieferung«, als selbständige literarische Größe existiert habe, nennt er die »Über- und Unterschriften« 14 1. 4 a. 5 [47] und 19 49 a [48]. Wir haben oben (S. 46) gesehen, daß 19 49 a nicht von v. 49 b-50 losgerissen werden kann; die »Unterschrift« des ganzen Berichts ist v. 51 a, der eben beweist, daß das vermutete »Dokument«, d. h. die Grenzbeschreibungen (im Rahmen eines Landnahmeberichts) in Verbindung mit der Josua-Überlieferung gesetzt war. Was (den Kern von) 14 1-5 betrifft, so ist er zwar eine Einleitungsnotiz, braucht aber gar nicht eine Überschrift eines selbständigen Dokuments zu sein. Derartiger »Über- und Unterschriften« über die einzelnen Abschnitte hat z. B. P viele, vgl. seine 'ellæ tôl'dôt.

---

[46] In meinem obengenannten Aufsatz über Jos 13—19 habe ich auf S. 38, Anm. 24 u. 25 auf eine kommende Untersuchung von Jdc 1 hingewiesen. Das norwegische Manuskript lag schon damals vor.

[47] Das ist nach Noth der ursprüngliche Bestand von 14 1-5.

[48] *Das Buch Josua*, S. X.

5*

In der Tat umfaßt der Komplex Kap. 14—19 mehr als diese 6 Kapitel.

Wenn man auf stilistische und literarische Kennzeichen achtet kann darüber kein Zweifel herrschen, daß auch Jos 21 1-42, die Liste der Priester- und Lewitenstädte in der jetzt vorliegenden Gestalt von demselben Verfasser geschrieben ist wie die Kap. 14—19. Hier hat der Verfasser mit dem Schema des zwölfstämmigen Israel gearbeitet und zu diesem Schema (»System«) gehört auch ein Stamm Levi. Der Verfasser weiß natürlich, daß, wenn es sich um weltliche Dinge und damit um die Verteilung des Landes handelt, es kein lewitisches Stammland gab; dann wurde die Zwölfzahl dadurch erreicht, daß das Haus Josef als die beiden Stämme Efraim und Manasse auftrat. Der späteren Theorie nach besaßen aber die Lewiten eine Reihe von Städten rund herum im Lande zerstreut (Num 35 1-8). Darauf mußte natürlich auch in einem Bericht über die Verteilung des Landes Rücksicht genommen werden, was in Kap. 21 getan wird, wenn wir von der Verlosung von 48 Städten unter die Geschlechter der Lewiten hören. Die Vorstellung davon, wie das zuging, ist dieselbe wie in 14 1 und 19 51 a: eine Verlosung unter Leitung des Hohenpriesters Eleazar, Josuas und der Ältesten der Israeliten. Die Feder desselben Verfassers wie in dem übrigen Verteilungsbericht ist hier ganz deutlich. Das Kapitel kann daher unmöglich mit NOTH als ein (späterer) »Nachtrag« zum Verteilungsbericht beurteilt werden; er ist die sachgemäße und notwendige Fortsetzung und Vollendung dieses Berichts, stilistisch und ideologisch von demselben Geist wie jener.

Dagegen gehört Jos 19 51b—20 9, der Bericht von der Aussonderung der Asylstädte, nicht in diesen Zusammenhang. Er unterbricht den Bericht über die Verteilung und die Verlosung und setzt auch eine andere Auffassung von dem Vorgang als diesen voraus. Nicht der Hohepriester und Josua und die Ältesten treten hier auf, sondern Jahwe »spricht« zu dem als profetisch ausgerüstet vorgestellten Josua und erinnert ihn an ein Gebot im Gesetze Moses, d. h. in D, Dtn 19 1ff. 4 41-43. NOTH hat vollständig recht, wenn er (im Anschluß an NICOLSKY) das Stück als Inswerksetzung von Dt 19 1ff. beurteilt. Das Stück stammt aber kaum aus dem deuteronomistischen Eroberungs- und Verteilungsbericht, wo die Dinge nicht so »supranaturalistisch« vor sich gehen, sondern gehört am ehesten einem späteren Ergänzer desselben.

Wir haben somit in Jos 14—19 51 a 21 1-42 einen Bericht über die nach der Eroberung des Landes vorgenommene Verteilung desselben, der in seinem letzten Kapitel auch auf die (frühere) Besitznahme des Ostjordanlandes insofern Bezug nimmt, als der Besitz desselben im Bericht über die Lewitenstädte vorausgesetzt ist. Schon aus diesem letzteren Grunde ist anzunehmen, daß der Verteilungsbericht auch vom Ostjordanlande erzählt hat. Wenn man den ganzen Komplex Kap. 14—19 51 a 21 1-43 überblickt, so ist es sowohl sachlich wie literarisch ganz logisch, daß der Verteilung des Westjordanlandes eine Erwähnung der früher vorgenommenen Verteilung des Ostjordanlandes durch Moses vorausgeht, wie wir sie auch in Jos 13 15-32 lesen[49]. Dieser Abschnitt war dann auch mit einer 14 1 genau entsprechenden Überschrift versehen; der Text in TM muß gewiß nach LXX ergänzt werden: »Dies sind die Erbteile, die Moses den Israeliten auf dem Steppengebiete von Moab jenseits des Jordans bei Jericho gegeben hatte«. Die hebräischen Impf. sind in diesen Versen mit Plusquampf. zu übersetzen.

Das dem v. 15 vorausgehende Stück 13 1-14 ist, wie auch NOTH präzisiert, von recht vermischtem Inhalt und Ursprung. Wie wir oben (S. 61) gesehen haben, ist 13 1 mit NOTH als eine sekundäre Vorwegnahme von 23 1b zu betrachten, die die literarische Einbeziehung von Kap. 13 ff. einleiten soll: »Als Josua alt und betagt geworden war, sprach Jahwe zu Josua: Du bist nun alt und betagt geworden, aber das Land ist in sehr weitem Umfange noch in Besitz zu nehmen« (l'rištā). Die Eroberung ist hier schon vorausgesetzt; was noch aussteht, ist das »In-Besitz-Nehmen« des Eroberten. Die vv. 2-7, die von den Philister- und Phönikergebieten sprechen, haben diesen Ausdruck als »erobern« mißverstanden und sind daher, wie auch oft angenommen, ein noch späterer Zusatz. Auch die folgenden Verse 8—14, in denen auf die frühere Besitznahme des Ostjordanlandes zurückverwiesen wird, werden sekundär sein, da sie vv. 15 ff. unnötig vorgreifen. Das gibt aber keinen Grund, die Ursprünglichkeit von 13 15-32 und den Zusammenhang dieses Stückes mit Kap. 14 ff. zu bezweifeln.

Nichts verbietet, in 13 15 ff. die literarische Fortsetzung von Kap. 12 zu sehen. Zwar ist der Übergang von Kap. 12 zu Kap. 13 ff. durch keine stilistischen Kunstmittel ausgedrückt. Das braucht aber ein Verfasser beim Übergang von einem »Kapitel« zu einem neuen nicht; auch die größeren Abschnitte können sich »asyndetisch« aneinander anreihen. Das neue »Kapitel«, die Verteilung des Landes, wird eben durch die Überschrift in 13 15 (LXX) eingeleitet. An 13 32 schließt sich dann formal und logisch richtig 14 1 an.

7. Auch Jos 14—19 will von der Besetzung des Landes erzählen

Wie ist nun der Komplex 14—19 + 21 als Ganzes literarisch zu beurteilen? Was will er sein?

Der Abschnitt tritt jetzt formal als ein erzählender Bericht über die Verteilung des Westjordanlandes mit einer Beschreibung der Grenzen der einzelnen Stämme und einer Aufzählung der jedem einzelnen Stamm angehörigen Städte hervor. Nachdem das ganze Land erobert war, kommt »die Gemeinde« der Israeliten in Schilo zusammen und

---

[49] 13 33 ist nur eine irrtümliche Wiederholung von v. 14, die mit Recht in LXX[BA] fehlt.

errichtet das Stiftszelt, d. h. sie setzen den regelmäßigen Kultus nach den Vorschriften des Gesetzes in Gang. In der Überschrift über der Beschreibung der zu verteilenden Gebiete 14 1 hören wir, daß die Verlosung vorgenommen wurde. Daran schließt sich dann die Beschreibung der Grenzen der einzelnen Stammesgebiete mit der Aufzählung der im jeweiligen Gebiet liegenden Städte an.

Als »Erzählung« ist das dürftig genug. Der Verfasser ist aber nicht an der Erzählung an sich interessiert: er ist kein Epiker. Was ihn interessiert, sind die den einzelnen Stämmen gebührenden Gebiete, der »ideale« Besitzstand Israels, wie er einmal gewesen ist — und wir fügen in seinem Geiste hinzu: wie er einmal wieder mit Gottes Hilfe werden soll.

Das bedeutet nun, daß Jos 14—19 + 21 als Glied einer größeren erzählenden Darstellung, d. h. als Glied einer Art Geschichte der Besitznahme des verheißenen Landes gedacht und geschrieben ist. Der Abschnitt ist insofern ein Teil einer Parallele zu J in Jdc 1, zu der vordeuteronomistischen Quelle und zu der Eroberungs- und Landverteilungsgeschichte des deuteronomistischen Sagaschreibers.

8. Die Zeit dieser Eroberungs- und Verteilungsgeschichte

Aus welcher Zeit stammt nun diese Eroberungs- und Landverteilungsgeschichte? Wenn ALT darin Recht hat, daß die in 15 20ff. vorausgesetzte judäische Gau-Einteilung auf einer von Joschija vorgenommenen administrativen Einteilung beruht — was recht wahrscheinlich ist —, so ist damit ein absoluter terminus post quem gegeben. Wie aber oben dargelegt, braucht die Städteliste nicht auf der Benutzung eines schriftlichen Dokuments zu beruhen. Auch einem späteren, etwa nach der Restauration schreibenden Verfasser ist eine Kenntnis der Tradition und der immer noch fortlebenden Verhältnisse seines kleinen Landes zuzutrauen, die es ihm ermöglichte, eine Grenzbeschreibung wie die in Kap. 15 zu schreiben.

Dasselbe muß überhaupt von dem Inhalte der Kap. 14—19 gesagt werden. Es findet sich nichts darin, was der Verfasser nicht aus eigener Kenntnis seines Landes hat schreiben können. Wie die Grenzen der Stämme seit alter Zeit verlaufen waren, das konnte ihm jeder Einwohner der betreffenden Landschaft erzählen. Im Bewußtsein des Volkes in Norwegen leben immer noch die alten Landschaftsnamen und ihre alten Grenzen, auch dann, wenn sie heute keine administrative Bedeutung mehr haben. Man muß in solchen Dingen bei den Alten überhaupt mehr mit Tradition als mit schriftlichen Dokumenten rechnen.

Was nun den Verfasser der Beschreibung von den Stammesgrenzen betrifft, so ist schon oben darauf hingewiesen, daß er dem Simeon gar kein konkretes Gebiet anzuweisen weiß. Sein Stamm Simeon ist eigentlich nur eine Fiktion[50]. Nicht viel besser steht es um Benjamin, dem nur der schmale Landstreifen zwischen Qirjatje'arim, Jerusalem, dem Nordende des Toten Meeres im Süden und Michmas-Jericho im Norden zugewiesen wird. Das entspricht unter keinen Umständen der Bedeutung, die Benjamin in der Richterzeit gehabt hat, und von der schon die Tatsache Zeugnis ablegt, daß das Königtum aus Benjamin hervorging. Der Umfang des Staates Isch-ba'als nach dem Tode Sauls spricht auch dafür, daß Benjamin noch damals einen starken Rückhalt im Ostjordanland hatte. Der Umfang, den der Verfasser der Grenzbeschreibungen dem Gebiet Benjamins gibt, entspricht dagegen der königlichen Privatdomäne Jerusalem mit Umgebung. Des Verfassers Bild von Benjamin ist das der davidischen und späterer Zeit. Wenn die Theorie Jerusalem zum Gebiete Benjamins rechnet, so ist das nur ein Ausdruck für dasselbe: Benjamin bedeutet hier — wie in Ps 68 28 — die königliche Hausmacht[51].

Auf eine erheblich spätere Zeit, als die vom Verfasser fingierte führt auch die Liste über die Lewitenstädte in Jos 21.

ALT[52] hat vorgeschlagen, in Jos 21 eine Spiegelung der von Joschija vorgenommenen Kultzentralisation zu sehen; jedenfalls was Juda betrifft, soll es sich um Städte handeln, in denen Joschija gegen die alten Kultstätten eingegriffen und dadurch aus den früheren lokalen lewitischen Priestern Lewiten im späteren Sinne des Wortes gemacht hat; die alten Lewitengeschlechter sollen dort geblieben sein, wo sie seit alters ihre Wohnungen und ihr Eigentum hatten, und dadurch diesen Städten das Gepräge von »Lewitenstädten« gegeben haben. ALTS Betrachtungen sind aber mit so vielen Unsicherheiten und Hilfshypothesen belastet, daß man nicht viel darauf bauen kann. Und wenn HÖLSCHER darin recht haben sollte — was ich glaube — daß Joschija gar keine Kultzentralisation mit Schleifung aller früheren Heiligtümer im Lande, sondern nur eine im wesentlichen auf Jerusalem beschränkte (antiassyrische) Kultreinigung vorgenommen hat[53], so fällt der Boden unter ALTS Vermutung weg.

---

[50] Diese Tatsache durch einen Hinweis auf die simeonitischen Genealogien in I Chr 4 wegzuerklären, wie KALLAI-KLEINMANN, *Vetus Testam.* 7, S. 158f. will, ist nutzlos. Die Geschlechtslisten der Chronik beweisen nur, daß es in spätjüdischer Zeit, als jeder echte Jude zu erzählen wußte, aus welchem »Stamm« er gebürtig war, auch südjudäische Geschlechter gab, die dem nationalen Dogma dadurch Ehre gaben, daß sie sich zu den Simeoniten rechneten. Das bedeutet ebensoviel und ebensowenig, wie wenn Paulus zu berichten weiß, daß er aus Benjamin gebürtig war.

[51] Vgl. S. MOWINCKEL, *Real and Apparent Tricola in Hebrew Psalm Poetry*, Oslo 1957, S. 92ff.

[52] »Festungen und Levitenorte im Lande Juda«, *Kleine Schriften II*, 1953, S. 306ff.

[53] In *Eucharisterion* I (s. oben »Zur Einführung« Anm. 9), s. besonders S. 206ff. und dazu auch den Aufsatz »Komposition und Ursprung des Deuteronomiums«, *ZAW* 40, 1922, S. 161ff.

Sie ist immerhin besser als ALBRIGHTS Vorschlag. ALBRIGHT hat den Beweis führen wollen, daß diese Liste aus der Zeit Davids stamme[54], ohne daß es klar wird, ob er dabei an eine Liste als offizielles literarisches »Dokument« oder an eine (korrekte) Überlieferung eines tatsächlichen Unternehmens Davids denkt — wahrscheinlich ersteres. Daß weder die Liste noch die Institution älter als David sein kann, hat ALBRIGHT bewiesen; das wußten wir auch früher. Als positiven Beweis für die Zeit Davids gibt er eigentlich nur allgemeine historische Erwägungen, die, wenn sie überhaupt etwas beweisen können, eher auf die Zeit des Organisators des Reiches, Salomo, führen als auf David, dessen innenpolitische Maxime das quieta non movere gewesen zu sein scheint. Daß viele der genannten Städte sowohl zu Davids Zeit als auch früher und später gelegentlich als Städte erwähnt sind, in denen sich Lewiten oder einzelne derselben aufhalten, bedeutet natürlich nichts. Denn »Lewiten« bedeutet in der vorexilischen Zeit einfach »Priester«, und daß solche »lewitische Priester« in vielen israelitischen Städten zu finden waren, ist einfach eine Konsequenz davon, daß in den meisten von ihnen sich lokale Heiligtümer befanden. Noch das Gesetzbuch D rechnet immer und immer mit »den Lewiten, die in deinen Städten (oder Toren) sind«. Daraus schließen zu wollen, daß jene Städte Eigentum der Priester gewesen und (besonders) von Priestern bewohnt wären, wäre eine verwegene Tat. Wenn D die Lewiten in den Städten erwähnt, geschieht das fast immer, um sie der Mildtätigkeit der Israeliten zu empfehlen. Wenn die Lewiten schon damals 48 Städte mit den dazugehörigen Feldern und Dörfern besessen hätten, wäre diese Empfehlung recht unangebracht. Sie setzt im Gegenteil voraus, daß die Lewiten außerhalb Jerusalems mit der Kultzentralisierung ihre bis dahin genossenen Einkünfte und damit ihre Lebensgrundlage verlieren würden; daher die Mahnung, »die Lewiten nicht zu vergessen«.

HARAN[55] will die Einrichtung besonderer Lewitenstädte als ein Mittel zur Stärkung und Erhaltung des ökonomischen Status der Lewiten, die nach den Bestimmungen in P darauf angewiesen waren, von »votive offerings« zu leben, auffassen, gibt aber auch utopische Züge bei der Ordnung zu. Dabei ist er jedenfalls weit unter Davids Zeit herabgekommen.

Die in Jos 21 vorgeschriebene Ordnung enthält nicht nur einzelne utopische Züge; sie ist reine Theorie, die nur deshalb vom Verfasser vorgeschrieben werden konnte, weil er lediglich von der »guten alten Zeit« und ihren idealen Ordnungen schrieb. Daß hier reine Theorie vorliegt, sieht man aus dem ganzen schematisch konstruierten Charakter der Liste. Die Zahl 48 ergibt sich aus dem Prinzip: je 4 Städte in jedem der 12 Stämme, ungeachtet des kleineren oder größeren Umfangs eines Stammes. Wohlweislich gibt der Verfasser keine simeonitischen Städte an; er hat Mühe genug gehabt, ein paar Städte in dem ganzen diesem Stamme zugewiesenen Gebiet überhaupt zu nennen. Von demselben konstruierenden Schematismus zeugt es auch, wenn er die Städte so verteilt, daß jeder der drei großen Lewitenabteilungen Kahat, Gerschon und Merari ihre bestimmten Stämme zugewiesen wer-

---

[54] *Archaeology and the Religion of Israel*, Baltimore, 1942, S. 121ff.; »The List of Levitic Cities«, *Louis Ginzberg Jubilee Volume*, S. 49ff.

[55] M. HARAN, »Studies in the Account of the Levitical Cities« I, *JBL* 80, 1961, S. 45ff.; II *ibid.* S. 156ff.

den, den Kahatiten Juda, Simeon und Benjamin, usw. Der Verfasser hat offenbar gewußt, daß das, was er hier schrieb, für die Gegenwart ohne jede Bedeutung war; es war einmal so gewesen, und sollte — das liegt dahinter — einmal wieder so werden, wenn Gott das Schicksal Israels gnädig wendete, das Volk wieder in dem Lande seiner Väter frei waltete und Gottes Gesetz wieder durchführen konnte. So hat er gewiß auch gewußt, daß, als er schrieb, weder das Ostjordanland noch die nördlichen Landesteile mehr den Juden gehörten. Der sehr späte Ursprung der ganzen Lewitenstädte-Theorie wird denn auch von NOTH klar zugegeben, und keine ältere oder neuere Apologie hat ihre Historizität retten können.

Es ist ferner eine Tatsache, daß die Angaben des Verfassers über Grenzen und Städte in den nördlichen Distrikten Palästinas bei weitem nicht so detailliert und genau sind, wie für Süd- und Mittelpalästina[56]. Das mag z. T. auf Lücken im überlieferten Text beruhen; daß solche vorhanden sind, ist allgemein zugegeben. Seine ungenauere Kenntnis des Nordens wird aber mit seinem Standpunkt als Judäer zusammenhängen; er kennt sein eigenes Land besser. Mehrere Forscher, neuestens wieder sowohl ALT wie NOTH, haben aber mit Recht betont, daß seine mehr summarische Behandlung der Nordstämme mit einem ge - ringeren Interesse an diesen zusammenhängt. Sie haben jedoch kaum recht, wenn sie annehmen, daß das geringere Interesse sich in einer Kürzung der supponierten literarischen Quellen geäußert habe; diese Kürzung ist ebenso problematisch wie die supponierten Quellen selber. Das geringere Interesse äußert sich überhaupt in geringeren Kenntnissen jener Landteile. Das heißt aber, daß das geringere Interesse des Verfassers nicht nur mit seinem Standpunkt als Judäer, sondern, und in noch höherem Grade, mit seinem Standpunkt als Jude zusammenhängt. Er schreibt zu einer Zeit, in der die nördlichen Landteile nunmehr in einem bloß historisch-theoretischen Verhältnis zum eigentlichen Land der Juden, Judäa, stehen.

Das bedeutet aber, daß hinter dem geringeren Interesse der Gegensatz zwischen Juden und Samaritanern steht. Das läßt sich auch aus des Verfassers Behandlung des Landes der Stämme Efraim und Manasse in Kap. 16—17 erhärten[57]. Es fällt auf, daß er hier noch weniger bringt als bei den eigentlichen Nordstämmen. Er gibt überhaupt kein Verzeichnis der Städte dieses Gebietes; die einzigen Ausnahmen sind die Notiz über die Stadt Tappuach 17 7f., die insofern eine Sonderstellung einnahm, als sie innerhalb der Grenzen Manasses lag, dennoch aber zu Efraim gerechnet wurde, und die analoge Erwähnung von manassitischen Städten innerhalb des Distrikts von Ascher und Issa-

---

[56] S. mein *Zur Frage nach dokumentarischen Quellen*, S. 32.
[57] S. mein *Zur Frage nach dokumentarischen Quellen* S. 33.

kar 17 11. Des Verfassers Interesse an den naheliegenden Distrikten im Gebirge Efraim ist somit noch geringer als das an den Nordstämmen. Sein Interesse an Efraim-Manasse ist ein rein antiquarisches. Das hat er dadurch bezeugt, daß er hier und nur hier, seine Darstellung in 17 2-6 mit der Angabe aus Num 26 28-34 (P!) über die alten manassitischen Geschlechter suppliert[58]. — Wie ist dies zu erklären? Offenbar ist es darin begründet, daß für den Verfasser Efraim-Manasse das Land der schismatischen Samaritaner war. Von denen will er nicht sprechen; er will nur von den alten israelitischen Geschlechtern und Klanen dieser Stämme sprechen.

Noch eine Beobachtung stützt diese Erklärung. Der Verfasser läßt in 18 1 das Zeltheiligtum, womit er gewiß das »Tabernakel« des P versteht, in Schilo aufgestellt sein und die Verteilung des Landes dort stattfinden. Natürlich hat er aus den alten Erzählungen in I Sam gewußt, daß in Schilo in alten Tagen ein Jahwetempel stand; das hat er natürlich gelten lassen können: es sei kein »Haus«, es sei das Zeltheiligtum aus der Zeit des Moses, das dort gestanden habe. Nun ist es nach allem eine geschichtliche Tatsache, daß Sichem das älteste Zentrum der Amphiktyonie gewesen ist. Noch in Jos 24, d. h. im deuteronomistischen Geschichtswerk, und in der Quelle desselben, der Eroberungsgeschichte, die es für Jos 2—11, 24 benutzt hat, hat Sichem diese Rolle gespielt. Warum hat unser Verfasser nicht Sichem beibehalten? Sicher nicht, weil er historisch-kritische Studien gemacht hätte, sondern weil Sichem für ihn das Zentrum der Samaritaner war und im Gebiet Manasses lag. Dieser Stadt konnte er nicht die Ehre tun, sie als Behausung des Nationalheiligtums der guten alten Zeit gelten zu lassen.

So ist der nachexilische jüdische Standort des Verfassers überall durchsichtig.

Der ganze Bericht von der Eroberung und der Verteilung des Landes ist gelehrte Literatur. Von wirklich alten Traditionen finden wir bei dem Verfasser nur die stammestopographischen Kenntnisse, die noch bei der Bevölkerung lebendig waren, wie die Kenntnis der judäischen Gaue in der letzten vorexilischen Zeit — die gewiß soviel wie möglich die älteren Einteilungen beibehalten haben — und die scheinbaren Anomalien, daß in ein paar Fällen eine Stadt, die innerhalb der alten Grenzen eines Stammes lag, sich als ethnologisch dem Nachbarstamme zugehörig rechnete. Sonst ist er Theoretiker und Schematiker reinsten Wassers. Daß seine Ansetzungen der Grenzen zwischen dem israelitischen Land und den Nachbarvölkern nicht selten

---

[58] Es sei bemerkt, daß das mangelnde Interesse an Efraim-Manasse noch deutlicher wäre, wenn der Verfasser nach einer schriftlichen Quelle gearbeitet hätte, die er willkürlich gekürzt hätte.

über das hinausgehen, was jemals zu Israel gehört hatte, ist eine bekannte Tatsache; so läßt er Israels Gebiet überall an die Meeresküste reichen, was es nie getan hat.

9. Sie stammt von P

Ist es nun sicher, daß P einen Bericht über die Eroberung und die logische Konsequenz derselben, die Verteilung des Landes, gehabt hat, so scheint der Schluß unumgänglich, daß die ältere Literarkritik damit recht behält, daß wir in Jos 12—19 + 21 diesen Bericht des P haben. Wenn Jos 12 dem P zuzurechnen ist, dann auch Kap. 13*—19. Wenn P anerkanntermaßen in Num 32 einen Bericht von der Besitznahme des Ostjordanlandes geboten hat und wenn Jos 13 15-32 ausdrücklich auf diesen zurückgreift und daran detailliertere, genau in demselben Stil und nach denselben Prinzipien wie in Jos 14ff. geordnete Angaben anschließt, so ist das ein Beweis dafür, daß wir auch in Kap. 13*—19 einen aus P stammenden Abschnitt vor uns haben. Der konstruierende Schematismus in der Liste der Lewitenstädte Kap. 21 ist typisch für P. Es ist auch bezeichnend, daß die Einteilung der Lewiten in Kahat, Gerschom und Merari eben die Einteilung bei P ist, die sogar jünger als Esr 2 40[59] ist. So kann es dann auch nicht zweifelhaft sein, daß Jos 21 1-42 auf Num 35 1-8 zurückblickt und als Ausführung des dort Verordneten aufgefaßt werden will[60]. Und wenn der Verfasser in Jos 17 2-6 das wiederholt, was schon im P-Stück Num 26 28-34 geschrieben war (s. oben S. 74), so ist das eher ein Indizium für die Identität der Verfasser als gegen diese.

10. Der Heimatort von P

Anhangsweise seien auch einige Worte über den Ort, wo P gelebt und geschrieben hat, gesagt.

Die ältere kritische Auffassung betrachtete es als selbstverständlich, Babylonien als Ursprungsort anzusehen. Man sah in P einen »exilischen« Verfasser, und als solcher müsse er in Babylonien gelebt haben. Diese Auffassung war auf die unrichtige Voraussetzung gegründet, daß bei der Exilierung die ganze Bevölkerung weggeführt wurde und daß

---

[59] Esr 2 kann nicht eine Liste der ersten Heimkehrer sein, sondern ist eine Bevölkerungsliste der jüdischen Provinz mindestens 100 Jahre nach der Restauration. Darauf werde ich in einem anderen Zusammenhang eingehen. (Studien zum Ezra-Nehemia-Buche I; im Druck).

[60] Daß Num 35 1-8 möglicherweise zu P[S] und nicht zu P[G] zu rechnen ist, hat hier nichts zu sagen. Wir haben es hier mit P als fertigem Werk, nicht mit seinen möglichen Vorstadien zu tun.

sich jedenfalls kein geistiges Leben mehr in Judäa rührte. Da der richtige Kultus nach der Zerstörung des Tempels und der Exilierung des Volkes nicht mehr verrichtet werden konnte, habe man in Babylonien angefangen, allerlei alte Kultgesetze und Ritualien usw. zu sammeln und sie schließlich in den Rahmen einer kurzen geschichtlichen Darstellung eingesetzt, damit alles einmal nach der Heimkehr wieder in Gang gesetzt werden könnte. Freilich findet sich ein solcher Hinweis auf die Zukunft nirgends in P; nur in den Schlußworten des Heiligkeitsgesetzes (H) Lev 26 liest man einen fingierten Hinweis auf die Wiedererrichtung Israels; die Literarkritik hat aber oft angenommen, daß H erst später in P hineingearbeitet worden sei.

Die Voraussetzung, daß die gesamte Bevölkerung exiliert worden sei, und daß alle echten Juden daher Nachkommen der Heimgekehrten, *bᵉnê hăg-golā*, seien, stimmt mit der späteren Theorie überein und ist klar ausgedrückt vom Chronisten in seiner Restaurationsgeschichte Esr 1—6. Sie ist aber falsch, wie überhaupt alle Theorien von »reiner« und ungemischter Abstammung. Nicht wenige waren der Wegführung entflohen und kehrten allmählich zu ihren alten Wohnstätten zurück, und ein Kultus, womöglich nach alten Traditionen und Ritualen, wurde schon zu Jeremias Zeit an der heiligen Stätte betrieben. Auch ein Geistesleben regte sich. Die Klagelieder (Threni) sind ohne Frage in Palästina nicht sehr lange nach der Katastrophe gedichtet worden. Auch Deuterojesaja hat in Palästina gelebt, und dort sind auch Profetenorakel wie Jes 13 14 3ff. 21 1-10 21 11-12 21 13-16 entstanden. Nichts verbietet daher, daß auch P in Palästina geschrieben werden konnte.

Eine zweite falsche Voraussetzung für die Annahme Babyloniens als Ursprungsort des P ist die GRAF-WELLHAUSENsche Deutung von Neh 8, die besonders in ED. MEYERS *Entstehung des Judentums* einen energischen Vertreter gefunden hat. Diese Deutung geht dahin, daß Neh 8 von der Einführung eines neuen, von Esra aus Babylonien mitgebrachten (und von ihm verfaßten) »Gesetzbuches« handle, und dieses Buch hat man häufig in P finden wollen. Daß diese Deutung von Neh 8 falsch ist, hat der gegenwärtige Verfasser vor Jahren nachgewiesen[61].

In der Tat findet sich in P keine einzige Stelle, die darauf deuten könnte, daß der Verfasser in Babylonien gelebt hätte.

Im Gegenteil muß behauptet werden, daß ein Verfasser, der so gute topographische Kenntnisse von Palästina verrät, auch dort gelebt haben muß.

---

[61] S. MOWINCKEL, *Ezra den skriftlærde*, Kristiania (Oslo) 1916, S. 32—42, 78—89.

ERGEBNISSE

Wir haben gesehen, daß sowohl J und J^v als auch P ein »Hexateuch« genannt werden können, wenn man darunter versteht, daß sie alle die Geschichte Israels von der Schöpfung bis zur Wohnsetzung in Kanaan erzählt haben, und daß sie alle Materialien sowohl für die Frühgeschichte wie für die Landnahme der Bücher Genesis bis Josua geliefert haben. Das Symbolum »Hexateuch« ist insofern ein legitimer kritischer Terminus. Dagegen hat nie ein eigenes literarisches Werk existiert, das aus diesen sechs Büchern bestünde.

Der Pentateuch ist eine tatsächlich vorliegende literarische Größe, die aus den 5 »Büchern Moses« besteht. Er ist dadurch entstanden, daß J^v und P miteinander zusammengearbeitet und der erste Teil des deuteronomistischen Geschichtswerkes, das Gesetzbuch D und den Bericht der letzten Tage Moses enthaltend, darin eingearbeitet worden ist. Das hat zur Folge gehabt, daß diejenigen Abschnitte aus J und P, die von Josua und der Landnahme handelten, in den entsprechenden Teil des Geschichtswerkes eingearbeitet wurden.

Einen »Tetrateuch«, aus den Büchern Gen bis Num bestehend, hat es nie gegeben.

Die älteste uns zugängliche Quelle für die Landnahme Israels ist der entsprechende Teil der jahwistischen Frühgeschichte Israels. Diese ist in Jdc 1 und den einmal mit diesem Kapitel zusammenhängenden und artverwandten, in die Schlußkapitel von Num und in das Josuabuch eingestreuten Notizen erhalten. Sie bildete keine eigentliche Geschichte der Landnahme, sondern bestand aus einer Übersicht über die von den einzelnen Stämmen besetzten Gebiete nebst Bemerkungen, welche Städte sie nicht zu erobern vermocht hatten, sondern welche erst von David in das Reich einverleibt worden waren. Als Stoffe für seine Übersicht hat J neben seiner Kunde über die Zustände vor David nur einige Anekdoten meistens orts- und stammesätiologischer Art gehabt, die für die Geschichte der Landnahme sehr wenig liefern. Dazu noch ein paar abgeblaßte historische Traditionen, wie die Verbrennung von Hasor, die Besetzung Bet'els durch Verrat und ein Zusammenstoß mit dem König Adoniṣädäq von Jerusalem; die beiden ersteren können archäologisch fixiert werden, letztere kann weder historisch noch zeitlich näher bestimmt werden.

Auf Grund dieses knappen Materials und einiger weiterer, meistens ätiologischer Sagen, die ursprünglich nur ganz allgemein und lose mit der Landnahme in Verbindung gesetzt worden waren, und deren eventuelle geschichtliche Erinnerungen sich auf erheblich spätere Zeiten beziehen, hat die später erfolgte erweiternde Bearbeitung von J, die wir J^v genannt haben, eine »Geschichte« der Eroberung des Landes konstruiert, aus der geographischen Reihenfolge bei J (Mittelpalästina,

Südpalästina, Nordpalästina) eine historische Reihenfolge von drei
Hauptschlachten gemacht, die die Landschaften in der genannten
Reihenfolge im Laufe von wenigen Jahren in die Hände der Israeliten
brachten. Der geschichtliche Wert dieser Konstruktion ist gleich
Null.

Auf dieser Konstruktion hat auch der deuteronomistische Sagaschreiber aufgebaut, sich im wesentlichen damit begnügend, sie mit
deuteronomistischer Theologie und damit zusammenhängenden legendarischen Zügen auszustatten.

Die Eroberungsgeschichte des P, der sowohl J^v als auch den Deuteronomisten gekannt hat, war in seiner üblichen schematischen notizartigen Weise gehalten. Er hat sie mit einer Liste der 30 das ganze
Land Kanaan vertretenden und von Josua besiegten Könige abgeschlossen. Daran schlossen sich bei ihm ein paar Notizen über die In-
stituierung des legitimen Jahwekultus in dem von der Wüste mitgebrachten und in Schilo aufgestellten Stiftszelte und eine Verteilung des
Landes unter die 12 Stämme an, nebst einer Beschreibung der Grenzen der einzelnen Stammesgebiete und der ihnen zugehörigen Städte.
Hinter dieser »Geschichte« liegt das total ungeschichtliche Idealbild
des P von den Ordnungen und Verhältnissen des zwölfstämmigen Israel in der mosaischen Zeit. Für die Geschichte der Landnahme hat
uns P nichts zu geben. Der einzige geschichtliche Wert seines Berichts
liegt in den topographischen Kenntnissen des Landes und einigen eth-
nographischen Erinnerungen, die sich in seinen Grenzbeschreibungen
verbergen.

Eine »Geschichte« der Landnahme kann überhaupt nicht geschrieben werden; schon J hat eigentlich nur etwas von den Resultaten derselben gewußt. Was wir tun können, ist: das wenige, das uns
J bietet, in das Bild der geschichtlichen, ethnologischen und kulturellen Verhältnisse in Palästina gegen Ende des Spätbronzezeitalters,
das uns die Geschichte des Orients und die archäologische Forschung,
in Verbindung mit den sich immer gleichbleibenden Wirkungen der
Naturverhältnisse auf die Geschichte[1] geben, hineinzusetzen und dadurch das Bild zu konkretisieren.

Exkurs: Das ätiologische Denken

Das Recht des ätiologischen Gesichtspunktes bei der Deutung der Sagen in Jos
2—11 ist vielfach und besonders von amerikanischen und britischen Fachgenossen be-
stritten worden. Ich möchte daher hier etwas über die ätiologische Sage und das ätiologische Denken sagen.

---

[1] Hier ist besonders A. Alts ganz vorzüglicher Aufsatz »Erwägungen über die
Landnahme der Israeliten in Palästina«, *PJB* 35 (1939), S. 8ff. (= *Kleine Schriften I*,
München 1953, S. 126ff.) zu nennen.

Ätiologisch — ein αἴτιον — ist ein Erzählungsmotiv oder eine Erzählung, die eine Antwort auf die Frage geben will, warum irgendetwas, ein Ort, ein Ortsname oder Personname, ein Ritus, eine Gewohnheit, ein ethnologischer Zustand, ein Verhältnis zwischen Stämmen, ein geschichtlich-politischer Zustand so geworden ist, wie es nun ist[1]. Daß ein sehr großer Teil der überlieferten alttestamentlichen Traditionen über die Frühgeschichte von dieser ätiologischen Art ist, haben Forscher wie H. GUNKEL, H. GRESSMANN, A. ALT, M. NOTH, K. MÖHLENBRINK u. a. längst bewiesen. Die Uneinigkeit entsteht, wenn man zu der Frage kommt, wieviel wirkliches geschichtliches Material man in einer ätiologischen Sage erwarten darf oder was für geschichtliche Fragen man an eine ätiologische Erzählung stellen darf. Unleugbar stößt man hier des öfteren bei den Forschern auf Reste der alten rationalistischen Deutungsmethode, die glaubte, daß man durch bloße Substraktion der mirakulösen Züge von der betreffenden Erzählung das »wirkliche« Ereignis hinter der Erzählung gefunden hatte[2]. Dies begegnet besonders bei den vorzugsweise archäologisch geschulten Forschern, die sich oft von der Tatsache blenden lassen, daß eine derartige Erzählung nicht selten auch Realia enthalten kann, die etwa von irgendeinem archäologischen Befund bestätigt werden; so, wenn man z. B. aus der Tatsache, daß die in den Patriarchenerzählungen vorausgesetzten sozialen und kulturellen Ordnungen nicht selten ihre nahen Parallelen etwa in den Maridokumenten haben, folgern wollte, daß Abraham, Jakob und Josef geschichtliche Persönlichkeiten seien. Das ist eine Folgerung, gegen die jeder Historiker sofort protestieren muß.

Nun ist es aber eine Tatsache, daß ein Aition auf etwas Wirklichem aufbaut. Ehe man eine derartige Überlieferung hinsichtlich ihres eventuellen geschichtlichen Gehaltes ins Verhör nimmt, ist es notwendig, über ihre eigentliche Art klar geworden zu sein. ALBRIGHT sagt: »the practice of giving explicit aetiological explanations originated as a mnemotecnic didactic aid«, und als Stütze für diese Behauptung gibt er seine eigene Erfahrung, »that the Arab narrators of Dura in Southern Palestine lay great stress on explaining just where events of recent traditional history have occured, and they often bring in names or other peculiarities of the places in question«[3]. Diese letztere Beobachtung wird an sich richtig genug sein; sie beweist aber nur die allgemeine und wohlbekannte Neigung der Erzähler, die Überlieferungen in einem den Zuhörern bekannten Milieu zu lokalisieren. Diese Lokalisierung mag richtig sein, und wenn es sich um wirkliche »recent history« handelt, ist sie es natürlich in der Regel. Sie kann aber auch unrichtig sein, und es gibt Hunderte von Beispielen von »Wandersagen«, die mit Personen oder Lokalitäten verbunden worden sind, mit denen sie ursprünglich nichts zu tun hatten. — Die Erklärung aber des Aitions als »a mnemotecnic didactic aid« ist nicht stichhaltig. Es gibt viele Aitia, die nicht dazu gebildet worden sind, um der Erinnerung zu helfen, sondern um einen existierenden, von allen wohlbekannten und Jahrhunderte hindurch praktizierten Ritus oder eine Gewohnheit zu erklären.

---

[1] Vgl. GUNKEL, Genesis[4], S. XXff.; VAN DER LEYEN, »Zur Entstehung des Märchens«, Archiv f. d. Stud. d. neueren Sprachen und Literaturen, S. 114.

[2] Sehr deutliche Spuren dieser Methode findet man z. B. bei J. GARSTANG, The Heritage of Solomon; J. G. DUNCAN, Digging up Biblical History, London 1931; L. WOOLLEY, Ur of the Chaldees 1929.

[3] From the Stone Age to Christianity, Baltimore 1946, S. 39; vgl. auch BASOR 74 (Apr. 1939), S. 11ff., die Diskussion mit NOTH.

So z. B. wenn Gen 32 23-32 erklären will, warum die Hüftmuskel bei den Israeliten tabu ist. Dies ist in diesem Falle ein in sich selbständiges Nebenmotiv zu dem Hauptmotiv, den Ortsnamen Pnu'el zu erklären: Jakob sah einem El ins Gesicht und kam trotzdem mit dem Leben davon. Das Primäre ist hier die Lokalität und der Name; die Geschichte: daß Jakob bei der Überfahrt über den Jabbok einen El schaute und mit ihm einen gefährlichen Ringkampf hatte, ohne wirklich besiegt zu werden, ist das poetische, erdichtete Motiv, das den Namen erklären will: seitdem heißt der Ort »Gottesgesicht«, und bei jener Gelegenheit erwarb der Stammvater sich den Namen »Israel« = der Gottesstreiter. Das »Ereignis« ist nicht ein für sich überliefertes geschichtliches Factum, dessen Erinnerung man dadurch besser festhalten wollte, daß man es mit einer bekannten Lokalität verknüpfte, sondern umgekehrt: der Ort und der Name sind das Gegebene und Primäre, das die Erzählung erklären will. In diesem Fall ist noch ein Nebenmotiv hinzugekommen: weil Jakob in der israelitischen Überlieferung mit dem eponymen Stammvater Israel schon identifiziert worden war, hat man das Hauptmotiv auch dazu benutzt, um eine Erklärung des Namens Israel zu geben.

Ein zweites Beispiel aus einer ganz anderen Weltgegend: In dem Kirchspiel Vågå im Otta-tal in Norwegen kann man in einem Felsen in der Nähe des Hofes Blessom eine natürliche Formation sehen: wie ein großes Portal im Felsen, das den Namen »Jutulporten«, d. h. »Portal des Bergriesen« trägt. Das lokale Volksmärchen erzählt: der Besitzer des Hofes Johannes Blessom hatte in einem Herbst eine Reise nach Kopenhagen vornehmen müssen, weil er einen schwierigen Rechtsfall hatte, den er dem Könige vorzulegen sich schließlich entschlossen hatte. Die Sache verzog sich aber, und so befand er sich am Nachmittag des heiligen Weihnachtsfestes allein in den Straßen Kopenhagens wandernd, wo der wirbelnde Schnee immer wieder seine Gedanken nach Vågå zog. Dann kommt ein großer, stark gebauter Mann auf einem Schlitten mit einem prächtigen Pferde vorgespannt vorübergefahren; er hält und fragt Johannes, was mit ihm sei, daß er an diesem heiligen Abend so einsam umherwandere. Johannes erzählte ihm den Fall; der Fremde, der die gewöhnliche Tracht eines Vågå-Bauern trug, sagt ihm, er sei eben auf der Heimreise nach Vågå, und gebot ihm, hinten auf den Schlitten aufzusteigen; das Pferd galoppierte los, wie Johannes es nie früher erlebt hatte. Er hatte das Gefühl, daß sie mehr durch die Lüfte als auf dem Erdboden dahinführen. Im Laufe von wenigen Stunden hielten sie in der Nähe des Hofes; Johannes stieg ab und bedankte sich, der Fremde warnte ihn, er dürfe sich nicht wenden und zurückschauen, einerlei was er hören oder sehen möchte. Als er nun den Weg zu seinem Haus eingeschlagen hatte, leuchtete plötzlich ein großes Licht auf, so daß er unwillkürlich den Kopf drehte, und nun sah er das Felsentor offen, ein blendendes Licht strahlte von dem Saale hinter dem Tore aus, und der Fremde fuhr im Galopp durch das Tor hinein. »Seitdem heißt das Tor Jutulporten«.

In dieser Sage gibt es auch gewisse »historische« Züge. So vor allem, daß es während der Dänenzeit nicht selten vorkam, daß die Bauern eine Deputation nach Kopenhagen sandten, um beim König das Recht zu erhalten, das sie bei seinen Beamten nicht immer fanden. Das ist hier aber nur als novellistisches Motiv zur Erklärung einer Einzelheit der Erzählung zu verstehen: wie es kam, daß Johannes sich am Weihnachtsabend so fern von seiner Heimat befand. Es mag sogar möglich sein, daß es einmal einen Mann namens Johannes Blessom gegeben habe; das können wir jetzt nicht mehr kontrollieren. Das gegebene Faktum aber, um dessentwillen und zu dessen Erklärung die ganze Geschichte erfunden ist, ist das riesige Felsenportal. Das ist der »Kern« der

Sage. Alles weitere ist Dichtung, wenn auch mit Zügen der geographischen und geschichtlichen Wirklichkeit arbeitend.

Auch in diesem Falle hat die Sage ein Nebenmotiv aufgenommen. Sie erzählt nämlich auch, daß die beiden unterwegs eine kleine Weile rasteten und einen Bissen aßen; als sie weiterfuhren, klagte Johannes darüber, daß ihm die eine Hand so bitterlich kalt wurde, er habe nämlich seinen einen Handschuh auf der Raststelle vergessen. Worauf der Fremde antwortete: »Das mußt du aushalten, Blessom«. Diese Antwort ist offenbar eine sprichwörtliche Wendung, die in der Gegend gang und gäbe gewesen ist—und noch ist, die aber selbstverständlich einen ganz anderen, für uns unbekannten Ursprung hat. Der Erzähler hat die Gelegenheit benutzt, um auch den Ursprung dieses Sprichwortes »unterwegs« zu erklären.

Die ätiologische Sage baut immer auf eine Wirklichkeit auf. Diese Wirklichkeit ist aber kein Ereignis, geschweige denn ein geschichtliches Ereignis, sondern ein Zustand, etwas Daseiendes, ein topographisches, ethnologisches, kultisches, gewohnheitsmäßiges usw. Datum permanenter Art. Das Aition will Ursprung und Existenz dieses immer daseienden Faktums erklären. Es hat seinen Urgrund in der Wißbegierde des Menschen, in seinem ewigen »Warum«, in dem auch etwas von dem frühesten Geistesleben des Kindes sich äußert, in dem unausrottbaren Drang, Fragen zu stellen[4]. Die Antworten werden von der poetischen Phantasie gegeben, in der Form einer Erzählung von einem Ereignis »einmal« in alten Tagen, das die Veranlassung zu dem zu erklärenden Zustand gegeben habe. Der epische Stoff, das »Motiv« dieser Erzählung kann recht wohl früher und in anderen Verbindungen existiert haben; jetzt erhält er eine neue Anwendung. Das epische Motiv kann daher mancherlei Art sein: ein älteres Märchenmotiv, ein Sagenmotiv, ein mythisches Motiv usw., oder es kann ad hoc erfunden sein.

Es liegt aber in der Natur der Sache, daß man nicht erwarten darf, Aufklärung über wirkliche geschichtliche Ereignisse in einer solchen Erzählung zu finden. Im Verhältnis zu der Realität, die erklärt werden soll, ist die Erzählung des daran geknüpften Ereignisses das Sekundäre.

Der Drang zum Fragen und Antworterhalten ist den Menschen mitgeboren. Das Interesse der Zuhörer braucht daher gar nicht von didaktisch mnemotechnischen Erwägungen des Erzählers geweckt oder festgehalten zu werden, wie ALBRIGHT zu meinen scheint. Ganz verfehlt ist somit seine Behauptung: »The idea that a peculiar natural formation or a curious custom had some aetiological explanation would not occur to a man, unless he had previously learned that such explanations existed in similar cases«[5].

Ich nehme noch ein illustrierendes Beispiel, auch dies ein norwegisches »Volksmärchen«, veröffentlicht in ASBJÖRNSEN & MOE, *Norske huldre-og folkeeventyr II*, S. 5f., unter dem Titel »Gjertrudsfuglen«, der Gertrudvogel, einer der vielen Volksnamen des Schwarzspechts (Advokatenspecht, *Dryocopus Martius*). »In den guten alten Tagen, als unser Herrgott und St. Peter hier auf der Erde herumwandelten, kamen sie einen Tages zu einer Frau hinein, die eben damit beschäftigt war, Brotfladen auszurollen und zu backen. Sie hieß Gertrud und hatte eine rote Haube am Kopf. Da die beiden einen langen Weg hinter sich hatten und hungrig waren, bat der

---

[4] Vgl. den oben erwähnten Aufsatz VAN DER LEYENS; s. auch NOTH in *PJB* 349 (1938), S. 7ff.

[5] *From the Stone Age to Christianity*, S. 39.

Herrgott sie, ihnen ein Brotstück zum Kosten zu geben. Sie kniff ein kleines Stück aus dem Teig; als sie ihn aber ausrollte, wurde der Fladen so groß, daß er die ganze Backplatte füllte. Der Fladen würde zu groß, meinte sie, und kniff ein viel kleineres Stück aus dem Teig, aber auch dieser Fladen wurde zu groß. Das dritte Mal nahm sie ein ganz winziges Stück Teig, auch diesmal wurde aber der Fladen zu groß. ‚Dann habe ich nichts, was ich euch zum Kosten geben könnte‘, sagte Gertrud, ‚die Fladen werden alle zu groß‘. Da wurde unser Herrgott zornig und sagte: ‚Weil du mir so wenig gegönnt hast, sollst du zur Strafe in einen Vogel verwandelt werden, der seine trockene Nahrung zwischen Rinde und Holz suchen muß und nichts zum Trinken bekommt, außer wenn es regnet‘. Kaum hatte er das letzte Wort gesprochen, wurde sie der Gertrudvogel und flog von der Backplatte durch den Schornstein hinauf. Und noch heutzutage kann man sehen, wie sie mit ihrer roten Haube herumfliegt, schwarz über den ganzen Körper vom Ruß des Rauchfangs. Sie hackt und pickt immer an den Bäumen nach Essen und pfeift gegen Regenfall; denn sie hat immer Durst und erwartet vom Regenfall etwas zu trinken.«

Wenn man hier den Prinzipien von ALBRIGHT folgen würde, so ergäbe sich etwa folgendes Resultat: Der »geschichtliche Kern« der Geschichte sei, daß einmal irgendwo in der Gegend, wo die Geschichte aufgezeichnet worden ist, eine reiche und prachtliebende — die rote Haube! — aber geizige Frau lebte, von der man aber nichts mehr zu erzählen wußte als eben dies. Um die Erinnerung an diese interessante Dame besser festhalten zu können, habe man aber als »mnemotechnisches Hilfsmittel« die Geschichte von den Tagen unseres auf Erden herumwandelnden Herrgotts und dem verwandelten Vogel erdichtet. Sollte, etwa bei einer Umlegung eines der Friedhöfe in der betreffenden Gegend, ein roter Fetzen ans Licht kommen, so könnte man auch hinzufügen, daß »die Archäologie die Glaubwürdigkeit der Tradition bestätigt« habe.

Das bedeutete natürlich, die Erklärung jener »Tradition« am falschen Ende anzufangen. Der Realitätskern des Märchens ist der schwarze Advokatenspecht mit seinem auffälligen hochroten Hinterkopf und seiner für eine oberflächliche Betrachtung höchst auffälligen Weise, seine Nahrung zu suchen; eine kümmerliche Nahrung, so scheint es — bei so vieler und harter Arbeit! Und was trinkt doch dieser arme Vogel? Bekanntlich sieht man sehr selten die Spechte Wasser trinken und überhaupt sich auf dem Erdboden bewegen. Diese zoologische Tatsache und nichts anderes ist der Faktizitätskern der Sage. Hier hat nun das ätiologische Denken eingesetzt. Es will alle jene auffälligen Tatsachen erklären. Was ganz und gar erdichtet ist, ist die Frau Gertrud mit ihrer roten Haube, ihrem geizigen Charakter und ihrer Unfreundlichkeit gegen umherwandelnde Freunde Gottes; um diesen Charakterzug recht deutlich hervortreten zu lassen, ist die Geschichte in jene guten alten Tage der evangelischen Geschichte verlegt; nicht gegen einen beliebigen Bettelmönch hat sie ihren schnöden Geiz betätigt; es war gegen unseren Herrgott und St. Peter, als sie hier umherwandelten. Das kärgliche Leben des Schwarzspechts ist eine gerechte Strafe für den unchristlichen Geiz und die Unfreundlichkeit einer in jenen alten Tagen lebenden stolzen und reichen Frau, die in einen Specht verwandelt wurde, weil sie nicht einmal unserem Herrgott einen ordentlichen Brotfladen gönnte.

In diesem Falle ist die Erklärung des Aitions einfach und einleuchtend. Eben deshalb eignet es sich gut als illustrierendes Beispiel dafür, was das Wesen des Aitions eigentlich ist und wo die Erklärung eines solchen einzusetzen hat. Ein »geschichtlicher Kern« ist eben das allerletzte, was man in einer solchen Sage suchen darf. Nicht um geschichtliche Begebenheiten handelt es sich hier, sondern um Zustände, um zoologische, botanische, topographische, soziologische usw. Tatsächlichkeiten, die die Neugier des immer fragenden Menschen geweckt haben und von ihm erklärt werden wollen.

Unter diesen Tatsächlichkeiten, die die Sage erklären will, kann sich natürlich in diesem oder jenem Falle auch eine solche befinden, die irgendwie mit geschichtlichen Ereignissen zusammenhängt. So will die Sage vom Turm in Babel erklären, welches Bewenden es mit dem auffälligen Turm hat. Der Turm ist natürlich einmal gebaut worden, das war eine Begebenheit in der Geschichte. Die Sage hat aber keine Erinnerung oder Tradition über diese Begebenheit bewahrt und ist auch nicht an dieser als geschichtlicher Tatsache interessiert. Was den Sagenbildnern auffällig gewesen ist und ihre Neugierde geweckt hat, ist der Eindruck von Unvollendetheit, den jener himmelragende Turm auf sie gemacht hat; vielleicht lag die Zikkurat, an die die Sagenbildner gedacht haben, zu der Zeit mehr oder weniger in Ruinen. An dem Warum dieses Zustandes ist die Sage interessiert, nicht an der wirklichen Geschichte. Der eventuelle »geschichtliche Kern« dieser Sage ist, daß auch die bestimmte Zikkurat, an die die Sage denkt, einmal gebaut worden ist; an welche aber unter den mehreren Zikkurati, die in Babylonien gebaut worden sind, die Sage denkt, wissen wir nicht. Zur Baugeschichte der babylonischen Turmtempel trägt die Sage nichts bei.

Es versteht sich aber von selbst, daß eine solche Erzählung noch stärker an das Interesse der Zuhörer appelliert, wenn sie irgendwie mit Persönlichkeiten, die sie kennen und an denen sie schon ein Interesse haben, in Verbindung gebracht werden kann. Das ist z. B. der Grund, warum die meisten israelitischen Heiligtumsaitia mit den Patriarchen verknüpft worden sind. So mag es auch vorkommen, daß dasselbe Kultaition mit mehreren der Vorfahren verbunden worden ist. Die Stiftung der Kultstätte und des Altars in Bet'el wird sowohl Abraham als auch Jakob zugeschrieben. Es ist prinzipiell verfehlt zu fragen, wer von diesen beiden nun die Kultstätte gestiftet hat. Das hat wahrscheinlich keiner von ihnen getan. Das gegebene Datum ist die Faktizität der Kultstätte seit alten Tagen. Die Erzählung von der Stiftung ist das Sekundäre. Die Frage kann höchstens traditionsgeschichtlich gestellt werden: mit wem von diesen ist die Erzählung in Israel zuerst verbunden worden?

So versteht es sich von selbst, daß ein Aition sehr häufig auch mit solchen geschichtlichen Persönlichkeiten in Verbindung gesetzt wird, die sonst in der Erinnerung und der sagenbildenden Phantasie eines Volkes leben. Das gibt aber kein Recht zu der Annahme, daß in diesem Falle ein »geschichtlicher Kern« in der Erzählung liege. Das Faktische ist auch hier nicht das Ereignis, sondern der dauernde Zustand oder das immer daseiende Objekt. Wenn z. B. die alte Sitte oder das alte »Gesetz« (*mišpaṭ*) in Israel, daß diejenigen, die Wache beim Gepäck halten, denselben Anteil an der Beute haben sollen wie diejenigen, die am Kampfe teilnehmen, in I Sam 30 21-25 als eine Verordnung Davids betrachtet, in Num 31 27 dagegen als ein mosaisches Gesetz bezeichnet wird, so ist es prinzipiell unhistorisch zu fragen, ob David oder Moses der Urheber sei; in Wirklichkeit haben wir es hier mit altem Nomadenkriegsrecht zu tun, das wohl älter ist als David und Moses.

Natürlich kann es vorkommen, daß ein ätiologisches Motiv mit einer bestimmten geschichtlichen Situation oder einem geschichtlichen Ereignis verknüpft worden ist, und daß dieses Ereignis uns nur durch diese Verknüpfung bekannt ist. Da ist eben für den Historiker größte Vorsicht geboten. Bei dem obengenannten Aition über den Ursprung des Beuterechts in Israel wäre es natürlich unberechtigt, wenn einer aus der Verknüpfung mit dem amaleqitischen Feldzuge Davids folgern würde, daß auch dieser Feldzug ungeschichtlich sei. Andererseits ist es klar, daß man in solchen Fällen nach

Methoden der historischen Quellenkritik vorgehen muß. Die nicht seltene rationa-
listische Abschälungsmethode führt nicht zum Ziele. Es genügt überhaupt nicht, durch
Abschälungen zu einem »Kern« zu kommen, der an sich geschichtlich sein könnte;
und die Sache steht nicht besser, wenn sich in der Erzählung gewisse kulturgeschichtlich
wahre Züge finden sollten (s. oben). Es ist daher eine prinzipiell unberechtigte For-
derung ALBRIGHTs, daß die ätiologische Methode »supported by external evidence«
sein solle[6]. Es verhält sich vielmehr umgekehrt: eine in der Hauptsache ätiologische
Erzählung kann nur dann als Beweis für geschichtliche Ereignisse ausgenutzt werden,
wenn sie »supported by external evidence« ist.

Es gibt nämlich auch »gelehrte« Aitia, die an geschichtliche Personen geknüpft
worden sind. Ein solches Aition ist die Natanprofetie II Sam 7[7]. Die Gelehrten haben
sich bemüht, durch literarkritische Operationen den »geschichtlichen Kern«, »das ursprüngliche Natanorakel« herauszuschälen. Verlorene Liebesmühe! Die älteren Psal-
menexegeten der kritischen Schule, wie etwa FR. BUHL, glaubten, in II Sam 7 die
ideologische und wohl auch literarische Quelle für Ps 89 und 132 gefunden zu haben.
Es verhält sich in der Tat gerade umgekehrt. Die gewöhnliche Deutung der Rede
Natans »Nicht sollst du mir ein Haus bauen, sondern ich will dir ein ewiges ‚Haus‘
bauen«, ist falsch. Der Zweck der ganzen Legende in II Sam 7 ist der gelehrte theologische, darauf eine Antwort zu geben, warum erst Salomo und nicht schon der fromme
David seinem Gott einen Tempel gebaut hatte. Die Antwort auf diese Frage lautet:
David hatte zwar den Plan gefaßt, Jahwe einen Tempel zu bauen, Jahwe ließ ihm aber
durch den Profeten sagen: wenn ich so lange in einem Zelt gewohnt habe, so kann ich
das noch während einer Generation tun; es ist mein Entschluß, daß dein Sohn Salomo
mir ein Haus bauen soll, und durch ihn und seine Nachfolger will ich mein Gelübde
vom ewigen Königtum deines Hauses wahrmachen. Irgendein »profetischer Protest«
gegen ein festes Tempelhaus ist darin nicht zu finden, im Gegenteil. Der konkrete Inhalt
der Verheißung ist nichts als ein Widerhall der Profezeiungen, die alljährlich im Tem-
pelkulte bei den großen Festen laut wurden und von denen wir Beispiele in Ps 89 und
132 haben. Die übliche Auffassung vom Verhältnisse dieser Psalmen und II Sam 7 ist
naiv und beruht auf einer völligen Verkennung des Verhältnisses zwischen Kult und
Legende[8]. Das schließt natürlich nicht aus, daß auch Natan einmal das Sprechrohr der
kultischen Verheißungen an das königliche Haus gewesen sein kann.

Es ist nicht schwer zu verstehen, warum ALBRIGHT und andere amerikanische
(und britische) Forscher dem Aition so wenig Verständnis entgegenbringen. Die ätiologische Dichtung gehört einer bestimmten Frühstufe der menschlichen Kultur an. In
den alten Kulturländern, wo dieselbe Bevölkerung ein paar tausend Jahre in derselben
Umgebung gewohnt hat, ist die mehr oder weniger bewußte Verbindung nicht nur mit
der Natur, sondern auch mit den Erlebnissen der Alten mit der Natur und mit den
Deutungen und Traditionen, in denen diese Erlebnisse Ausdruck gefunden haben, bis
in die neueste Zeit lebendig geblieben. Mag diese Verbindung oft schwach gewesen und

---

[6] *Op. cit.*, S. 209.

[7] Vgl. MOWINCKEL, »Natanforjettelsen i 2 Sam 7«, *SEÅ* 12, 1947, S. 220 ff.

[8] Eine Variante der traditionellen Deutung von II Sam 7 bietet J. ENCISO VIANA,
»La vocacion de Natanael y el Salmo 24«, *Estudios Biblios*, Vol. XIX, 1960, S. 229 ff.
Er meint, daß Natan die Prophezeiung auf Grund von Ps 24, der schon damals als
»heiliger Text« vorgelegen habe, gesprochen habe. Der Zusammenhang mit dem Kulte
ist auch hier nicht gesehen.

noch öfter recht unbewußt sein, so ist sie doch nicht ganz abgerissen worden, solange nicht die rationale und naturwissenschaftlich bestimmte neue Denkweise der modernen Kultur eine Auflösung des Alten zu bewirken angefangen hatte. So konnten die dänischen Sammler der alten Volkslieder schon im 18. und 19. Jahrhundert und teilweise schon früher und die Brüder Grimm in Deutschland noch einen reichen Schatz von Folklore, Märchen und Sagen sammeln. In Norwegen, wo die Romantik, die diesen Interessen einen so kräftigen Anstoß gab, erst um 1830 einsetzte, hat man bis zum heutigen Tag noch lebendige Folklore sammeln können. Insofern war die Verbindung mit dem Erleben und dem Denken der früheren Kulturstufen noch vorhanden. Ich weiß nicht, wieviele Quellen der heilige König Olav hat hervorsprudeln lassen und wieviele Riesen er in Stein verwandelt hat — Steine, die die Bevölkerung immer noch dem Besucher zeigen kann. Letztere Sage kann auch mit dem Bau einer bestimmten Kirche verknüpft sein, obwohl wir keine Kirchen aus St. Olavs Zeiten mehr besitzen. Wenn in der Dänenzeit die Bauern gegen die Rechtspraxis der Lehnsherren und Vögte oder gegen die neuen Gesetze, die mit der Erstarkung der absoluten Monarchie zusammenhingen, protestierten, so war es immer, und noch lange nach der Reformation »St. Olavs Gesetz«, auf das sie sich beriefen, obwohl König Olav nie als Gesetzgeber oder Rechtsreformator wirksam gewesen ist, abgesehen von den Stücken »Christenrecht«, die mit der Bekehrung des Volkes eo ipso eindrangen; das »Gesetz«, auf das die Bauern sich beriefen, war in Wirklichkeit das alte Gewohnheitsrecht, das sich auf Grund der vorchristlichen Landschaftsgesetze und des Gesetzbuches des Königs Magnus Lagaböter entwickelt hatte. Bei uns sind die Erzeugnisse des ätiologischen Denkens nicht ganz ausgestorben. In meiner Kindheit wußten wir alle, warum die Blätter der Espe im Unterschied von den anderen Bäumen immer, selbst bei dem leisesten Hauch unaufhörlich beben und säuseln: die Espe bebt, weil das Kreuz Christi aus ihrem Holz gemacht wurde. Eine andere »Tradition« sagt: weil Judas sich an einer Espe aufgehängt hatte. Wir glaubten es zwar nicht, hörten und erzählten aber gern diese mittelalterliche Legende, weil wir unbewußt empfanden, daß sie ein stimmungstragender und assoziationsweckender Ausdruck für unser »ätiologisches« Verhältnis zu der umgebenden Natur war.

In den von Asbjörnsen und Moe gesammelten norwegischen Volksmärchen gibt es nicht wenige Naturaitia. Wir haben schon das Märchen vom Gertrudvogel näher betrachtet. In einem anderen wird erzählt, wie es kam, daß der Bär im Unterschied von all den anderen Tieren des Waldes einen so kurzen Schwanz hat; ursprünglich hatte auch er einen richtigen ordentlichen Schwanz.

So ist es kein Zufall, daß unser großer Lyriker Henrik Wergeland (1808—1845), dessen Betrachtung der Natur fast immer mythologische Formen annahm, auch eine richtige ätiologische Sage gedichtet hat, die die Entstehung der zwei Typen von Birken erklärt. Die beiden ursprünglich einander ganz ähnlichen Birken flankieren das Tor des Kirchhofs; in der einen hatte die Elster ihr Nest gebaut. Eines Sonntags nach dem Gottesdienst stand die Kirchentür offen; die Elster flog hinein, sah den Kelch auf dem Altar und stahl und verbarg ihn in ihrem Nest; die Elster stiehlt bekanntlich alles was glänzt. Nun wurde nach dem Kelch gefragt, und wie überhaupt in Märchen und Legende wurden auch die Naturwesen befragt. Die Elster hatte der Birke allerlei Herrlichkeiten versprochen, wenn sie beschwören wollte, daß sie nichts von dem Kelch wisse. Als die Birke befragt wurde, richtete sie ihre Äste gegen den Himmel und schwur den Meineid. Und seitdem stehen die Äste der einen Birkenart gerade und steif aufrecht. Die andere Birke ließ aber in tiefer Trauer über ihre meineidige Schwester ihre Zweige zur Erde hängen, und von ihr kommt die Hängebirke mit ihren girlandenartig hängenden Zweigen.

Und nun KNUT HAMSUN, der Naturmystiker. Er geht im Walde umher und fällt in Betrachtungen über die Pilze. Da steht neben den eßbaren Pilzen der rote Fliegenpilz. »Dieser merkwürdige Pilz! Er entsteht auf demselben Boden wie die eßbaren, wird von derselben Erde ernährt, empfängt die Sonne und den Regen des Himmels unter denselben Bedingungen. Er ist dick und fest und schmeckt gut, nur ist er voll von tödlichem Muscarin. Ich dachte einmal eine herrliche alte Sage vom Fliegenpilz zu erfinden und zu sagen, daß ich sie in einem Buch gelesen hatte«[9].

Das amerikanische Volk dagegen ist in einer neuen, ihm bis dahin völlig unbekannten Welt in Existenz gekommen, und zwar zu einer Zeit, in der die alte Denkweise, die sich in Aitia und Naturmythen Ausdruck gab, schon in Auflösung war. Die Kolonisten kamen meistens aus einem Lande, wo diese »Entwicklung« am weitesten vorgeschritten und wo die alte Folklore schon im Verschwinden begriffen war. Was unter den Indianern von Folklore, Aitia, Mythen existierte, interessierte die Kolonisten nicht im geringsten. Die Natur und ihre Eigentümlichkeiten sprachen nicht mehr in der alten Sprache zu der neuen Bevölkerung, die Töne, die in den alten Traditionen klingen, waren verstummt. Die Einwanderer begegneten ganz selbstverständlich der Natur zunächst als der Materie, der sie in harter Arbeit die elementaren Lebensbedingungen abringen mußten. Und als sie aufatmen konnten, war der Geist, der das Erlebnis der Natur und der Umwelt in ätiologische Sagen, in Märchen usw. ausdrückte, längst tot oder jedenfalls keine die Formen und Ausdrucksweisen bestimmende Macht mehr.

So ist die Diskussion zwischen NOTH und ALBRIGHT über die ätiologische Sage letzten Endes ein Ausdruck für den Unterschied zwischen einer alten Kultur, die immer noch im geistigen Zusammenhang mit der Naturbetrachtung der früheren Zeiten steht, und einer jüngeren, in »wissenschaftlichen« und rationalen Kategorien denkenden, der dieser Zusammenhang innerlich verlorengegangen ist und erst mühsam erarbeitet und nachempfunden werden muß.

Ganz kurz ausgedrückt: die alten Kulturvölker sind fast bis zum heutigen Tag durch die Tradition mit dem Geist der ätiologischen Dichtung verbunden; die neuen Kulturvölker sind es überhaupt nie gewesen. Das kann das geringere Verständnis auch wissenschaftlicher Forscher für das Aition jedenfalls zum Teil erklären. Man versteht nun einmal am besten das, worin man selbst gelebt hat.

---

[9] *Under Höststjærnen*, S. 22 f.

VERFASSERREGISTER

Die Abkürzungen sind die üblichen.
Zu AVAO s. S. 62, Anm. 31,
GTMMM s. S. 3 Anm. 9

JULIUS WELLHAUSEN

Die Composition des Hexateuchs und der historischen Bücher des Alten Testaments

4., unveränderte Auflage. Groß-Oktav. VI, 374 Seiten. Unveränd. Nachdruck 1963.
Ganzleinen DM 36, —

Die kleinen Propheten

Übersetzt und erklärt

4., unveränderte Auflage. Oktav. VII, 222 Seiten. Unveränd. Nachdruck 1963.
Ganzleinen DM 28,—

Das arabische Reich und sein Sturz

2., unveränderte Auflage. Groß-Oktav. XVI, 352 Seiten. 1960. Ganzleinen DM 34,—

Muhammed in Medina. Das ist Vakidis Kitab al Maghazi

in verkürzter deutscher Wiedergabe. Oktav. 472 Seiten. 1882. Brosch. DM 15,—

Prolegomena zur ältesten Geschichte des Islams

Verschiedenes. Oktav. VIII, 260 Seiten. 1899. Brosch. DM 10,50
(Skizzen und Vorarbeiten Heft 6)

Prolegomena zur Geschichte Israels

6. Ausgabe. Neudruck. Oktav. VIII, 424 Seiten. 1927. DM 13,50

Israelitische und Jüdische Geschichte

9. Auflage. Groß-Oktav. VIII, 371 Seiten. 1958. Ganzleinen DM 19,80

Erweiterungen und Änderungen im vierten Evangelium

Oktav. 38 Seiten. 1907. DM 1,50

Das Evangelium Marci

Übersetzt und erklärt. 2. Auflage. Oktav. 137 Seiten. 1909. DM 6,—

WALTER DE GRUYTER & CO · BERLIN 30